연희동 심야식당

다니엘스 키친의 오늘의 레시피

정윤상 지음

이상

늘 곁에서 함께 요리해준
김경희 셰프, 박선희 셰프에게 깊이 감사드립니다.

추천사

――――― 정윤상은 원래 내가 만든 가게의 단골손님이었다. 한결같이 흥이 넘치고 친절했던 오랜 단골! 그러다 나도 그의 단골손님이 되었다. 이제 다니엘스 키친은 우리집 거실이자 주방이기도 하다. 내가 대접하고 싶은 모든 사람들을 데려가고 싶은 곳. 정윤상의 따뜻한 손이 부지런한 곳. 모두가 살맛나게 흥겨워지는 그런 곳이 바로 다니엘스 키친이다.

황석정(영화배우)

――――― 다니엘스 키친에는 셰프가 빚어내는 10%의 마술이 있다. 그리고 정윤상 셰프에게는 자기의 맛과 멋으로 재료를 요리하는 힘이 있다. 그만의 10%의 손맛은 말 그대로 독특하고 신비한 '마술'이다. 그가 만들어내는 10%의 마술을 확인하고 싶다면, 오늘밤 다니엘스 키친의 문을 두드려보시길 권한다.

고경일(풍자만화가, 상명대 만화애니메이션학과 교수)

――――― "다들 알겠나?", "예, 셰프!" 드라마의 영향이 크겠지만, 셰프는 하나같이 날렵하고 날카로울 것 같았다. 그런데 예상을 깨는 그의 외모는 동글동글하기만 했다. 또 드라마에서처럼 소리를 지르지도 않고, 예능에서처럼 허세를 부리지도 않는다. 그러나 솜씨와 맘씨가 그야말로 셰프답다. 퍼주고 나눠주고 만들어주고 챙겨준다. 그 마음 그대로 건강하게 오래도록 그 자리를 지켜주었으면 하는 마음이다.

이금희(방송인)

──────── 정윤상 셰프를 처음 보면 산적 같은 외모에 한번 놀란다. 다음으로 외모와는 어울리지 않게 친절하고 다정한 그의 마음씨에 놀란다. 그의 음식에서 최고의 양념은 상대를 배려하는 친절함과 다정함이라 생각한다. 셰프가 음식을 맛있게 하는 것은 당연한 일이겠지만, 그가 만든 요리에서는 마음이 느껴진다. 엄마의 음식처럼.

정지찬(음악프로듀서)

──────── 정윤상 셰프가 만들어내는 요리는 그의 성품을 닮았다. 호사스럽게 변죽 울리는 것도 없이 바로 본맛으로 승부한다. 싱싱한 식재료의 식감을 그대로 음미할 수 있도록 잔기술 없이 훅 들어오는 것이다. 군더더기 없는 맛의 승부! 그것은 입의 맛이 아니라 마음으로 느끼는 멋이었다. 인생의 맛과 멋을 아는 멋진 셰프!

서태원(여행기획자)

──────── 허물 없는 고등학교 동창들과 편하게 수다 떨고 싶을 때, 멋진 식당에서 외국인 친구들에게 맛있는 밥을 대접하고 싶을 때, 사회생활을 하며 만난 동료들과 우아하게 와인 한 잔 마시고 싶을 때, 나는 연희동 '다니엘스 키친'에 간다. 또 저녁 생방송을 마치고 지친 상태로 다니엘스 키친의 문을 열 때마다 정윤상 셰프는 "배고프지?"라고 인사를 하며 따뜻한 밥을 내어준다. 그 마음 덕분에, 다니엘스 키친을 알게 된 이후 나는 조금 더 행복해졌다.

박세정(아나운서)

차례

탕
국물과 함께

01	**문어탕**	17
02	**감태굴탕**	19
	굴이야기	20
	골목의 따스한 음식들	21
03	**바지락맑은탕**	23
04	**명란계란탕**	25
	명란 이야기	26
	여행의 의식 1	27
05	**모츠나베**	29
06	**사골어묵탕**	31
	추운 날의 레시피	32
	여행의 의식 2	33
07	**검은 된장 스지 어묵탕**	35
	셰프의 여름 이야기	36
	소울푸드	37

찜과 조림
깊고 짙은

08	일본식 돼지간장조림	45
09	소고기감자조림	47
	어머니와 국물장조림	48
	할머니와 토마토	49
10	농어찜	51
11	고등어무조림	53
	어머니와 고등어	54
12	방어간장조림	57
13	삭힌 홍어 김치찜	59
	홍어 좋아하세요?	60
	간장 이야기	61
14	소고기생강볶음	63
15	해물편백찜	65
	12개의 편백나무레시피	66
16	돼지고기고추말이	69

구이와 튀김

밥이
아니어도
괜찮아

17	명란마요구이	75
18	일본식 돼지구이	77
19	감자고로케	79
	고로케의 속사정	80
	맥주를 위한 완벽한 안주	81
20	채식주의자를 위한 군만두	83
21	치킨카라아게	85
	할머니와 닭튀김	86
22	킹크랩 버터구이	89
23	토마토 가지 치즈구이	91
24	허니버터치킨	93
	새로운 맛을 위하여	94
	길고양이를 위한 간식	95
25	다테마끼	97
26	명란밥고로케	99
	요리하는 마음	100
	연희동 심야식당	101

밥과 면
오늘의 한 끼

27	마늘바지락파스타	107
28	나폴리탄	109
29	굴먹물파스타	111
	음식의 색	112
	손님 이야기 1	113
30	도치알덮밥	115
31	멍게비빔밥	117
32	고등어봉초밥	119
	초밥 이야기	120
	비밀의 초밥 레시피	122
33	돈카츠	125
34	함바그	127
35	야키소바	129
36	오야코동	131
	은갈치와 갯장어	132
	세프의 은밀한 취향	133
37	토마토계란덮밥	135
38	춘장볶음밥	137
	요리와 음악	138
	색소폰 이야기	139

무침과 절임

술 한 잔
생각나는 밤

39	오향수육	**145**
40	시메사바	**147**
	고등어와 酒	**148**
41	차슈	**151**
42	우메보시와 낙지무침	**153**
	동치미와 절임	**154**
	라멘을 먹는 나만의 방법	**155**
43	참치간장무침	**157**
44	참치낫또무침	**159**
	참치 이야기	**160**
	막국수집 콘서트	**161**
45	타코와사비	**163**
46	양념피조개	**165**
	미식가가 되는 방법	**166**
47	양배추샐러드	**169**
48	다시마오이절임	**171**
	이것만은 지켜주세요	**172**
	요리의 추억	**173**
49	간장새우장	**175**
50	양념돌게장	**177**
	마음을 남은 요리	**178**

탕

국물과 함께

01 >

문어탕

재료

문어다리 200g,
무, 다진 마늘, 대파,
건 고추 슬라이스,
소금

만드는 법

1 냄비에 물 800ml를 붓고 문어다리, 무 슬라이스, 다진 마늘 1t를 넣는다.
2 강불에서 15분간 끓인다.
3 대파와 건고추를 올리고 소금으로 간을 한다. 문어의 상태에 따라 염도가 높으면 굳이 간을 하지 않아도 좋다.

다니엘's 코멘터리 +

문어는 오래 끓여야 깊은 맛이 우러난다.
문어요리라고 하면 대부분 데치는 것을 먼저 떠올리겠지만,
문어탕, 문어죽, 매운문어조림 등 문어를 주재료로 하는 다양한 요리가 있으니
가족과 친구들을 위해 문어요리에 도전해보기를 권한다.

02 > 감태굴탕

재료

굴 100g,
마른 감태 1장,
참기름,
소금

만드는 법

1. 굴을 깨끗이 씻는다. 관자에 껍질조각이 있을 수 있으니 남김없이 제거한다.
2. 냄비에 물 600cc를 붓고 강불에서 가열한다.
3. 물이 끓기 시작하면 굴과 감태를 넣는다.
4. 기호에 따라 소금으로 간을 한다.
5. 5분간 끓여주고 참기름 1T를 넣는다.

다니엘's 코멘터리 +

전라남도 해안가의 오래된 지역요리 중 하나다.
어린 시절부터 먹었던 요리인데 김 대신 감태를 넣어서 먹기도 한다.
전라남도에서는 김으로 만든 굴탕을 즐겨 먹는다.
굴탕을 식혀 차갑게도 먹는데 그 맛이 일품이다.
감태는 김보다 맛이 더욱 구수해 일품이고, 혀에 닿는 촉감도 매우 좋다.
추운 겨울날 소주나 독주에 같이 곁들이면 좋은 요리다.

탕 : 국물과 함께

굴 이야기

굴은 시장에서 주로 세 가지 방식으로 판매되고 있습니다. 껍질이 모두 붙어 있는 석화, 껍질 한쪽 면을 제거한 하프굴, 살만 발라낸 굴. 가장 신선한 굴은 당연히 껍질을 벗기지 않은 석화입니다. 만약 껍질을 모두 벗긴 굴을 구입한다면 출하시기를 잘 확인한 뒤 가급적 빠른 시간 안에 섭취해야 합니다. 가정에서 굴껍질을 벗기는 것이 여간 쉽지 않기 때문에 하프굴이나 살만 발라낸 굴을 구입하는 것이 편합니다. 가정에서 가장 신선하게 드실 수 있는 굴은 하프굴입니다. 만약 껍질이 모두 붙어 있는 굴을 구입하셨다면 굴찜으로 드시는 것을 추천합니다. 단, 껍질을 벗겨낼 때 다치지 않도록 주의하시기 바랍니다.

골목의 따스한 음식들

일본의 구석진 거리에는 마마상들이 운영하는 작은 선술집들이 많습니다. 그런 골목과 선술집들을 찾아다니는 것도 일본여행을 즐길 수 있는 하나의 방법일 겁니다. 제가 주로 가던 선술집의 마마상은 늘 검은 된장으로 맛을 낸 스지오뎅나베를 내주었습니다. 추운 날 한 사발 하고 있으면 몸을 따스하게 감도는 음식과 분위기가 늘 그곳에 있었습니다. 우리도 겨울만 되면 분식집 앞에 서서 어묵국물을 호호 불며 마시곤 하잖아요. 따스한 백열등 아래에서 모락모락 피어오르는 오뎅나베의 김을 바라보고 있으면 추위에 떨었던 기운도 이내 사라지는 듯합니다. 거기에 따뜻한 청주 한 잔까지 곁들인다면 더할 나위 없겠지요.

탕 : 국물과 함께

03 >

바지락맑은탕

재료

바지락, 대파,
후추, 소금,
혼다시

만드는 법

1. 바지락을 담근 찬물에 소금을 넣은 후 어두운 곳에서 해감한다.
2. 냄비에 물 800ml을 붓고 가열한다.
3. 해감이 된 바지락을 넣고 가열한다.
4. **3**이 끓기 시작하면 소량의 후추를 뿌리고 혼다시 1t를 넣는다.
5. 끓고 있는 냄비에 거품이 생기면 수저로 모두 걷어낸다.
6. 채썬 대파를 올린다.

다니엘's 코멘터리 +

바지락이 굵을수록 진한 맛을 낼 수 있다.
단, 모래나 뻘이 많을 수 있으니 해감에 신경을 써야 한다.
바시락이 바닷물을 머금고 있어 기본적인 간이 된 상태지만,
약간 심심할 수 있다. 입맛에 맞게 소량의 소금을 넣는 것도 좋다.

탕 : 국물과 함께

04 > 명란계란탕

재료

명란, 계란 1개,
대파채

육수

건새우 20g, 무 1/5,
대파 1/4, 양파 1/6,
다시마 5cm×5cm

만드는 법

1. 냄비에 물 2L, 건새우 20g, 무 1/5, 대파 1/4, 양파 1/6, 다시마 5cm×5cm를 넣고 30분간 가열한다.
2. 육수가 완성되면 건더기는 버리고 냄비에 육수 600ml를 붓는다
3. 명란을 씻어서 손가락 크기로 자른 뒤 냄비에 넣는다.
4. 계란의 흰자와 노른자를 잘 섞은 뒤 냄비에 넣는다.
5. 끓기 시작하면 불을 끄고 파채를 올린다.

다니엘's 코멘터리 +

저염 명란을 써도 좋지만, 가격이 비싸고 구하기도 힘들다.
일반 명란으로 저염 명란을 만들려면 명란을 깨끗이 세척하고 찬물에 담가
30분씩 3~4번에 걸쳐 물을 갈아주면 염도를 낮출 수 있다.
명란은 우리나라에서 후쿠오카로 전파되어 후쿠오카의 명물로 자리 잡았다.
명란파스타, 명란계란말이, 명란고로케 등 다양한 요리를 만들 수 있나.

탕 : 국물과 함께

명란
이야기

명란은 알이 터지지 않고 너무 붉은 색을 띠지 않은 것을 골라야 합니다. 색이 너무 진하고 붉다면 식용색소를 많이 사용한 것이라고 보면 됩니다. 간혹 명란이 터진 것을 저렴하게 판매하는 젓갈집도 있습니다. 명란이 터졌다고 낙심하지 마시고, 터진 명란으로도 명란파스타, 명란계란찜, 오징어 명란무침처럼 많은 요리를 만들 수 있으니 잘 활용해보시길 바랍니다.

**여행의
의식
1**

20여 년 전, 일본에서 수련을 하던 중에 유후인에 있는 료칸에서 묵었던 적이 있습니다. 당시는 평일 내내 일과 수련을 병행하고, 휴일에야 겨우 시간을 낼 수 있었습니다. 유후인은 워낙 유명한 관광지라 먹거리도 많고 고급 료칸들도 즐비했습니다. 큰 마음을 먹고 한푼 두푼 절약해 료칸을 예약했습니다. 물론 가이세키요리도 포함했지요. 료칸에서 묵었던 그날은 마치 귀빈이 된 듯한 느낌을 받았습니다. 정원은 아기자기하게 잘 정돈되어 있었고, 직원들은 과하다 싶을 정도로 친절했습니다. 직원의 안내를 받아 제가 하루 묵을 방에 짐을 풀고, 옷을 갈아입고 저녁을 먹기 위해 식당으로 내려갔습니다. 일본의 료칸에서만 맛볼 수 있는 정갈한 가이세키요리도 맛보고 요리에 대한 정보도 많이 나눌 수 있었습니다. 무엇보다 재료 하나하나의 맛을 제대로 끌어올리는 기술과 부족하지도 넘치지도 않는 정확한 균형감이 인상적이었습니다. 저의 요리 방향을 정할 수 있었던 인생 최고의 한 끼 식사였다고 기억합니다. 지금도 그때 느꼈던 감동을 가슴속에 간직한 채 요리를 하고 있습니다. 또 가끔 힘들고 지칠 때마다 유후인에 가서 마음을 다잡고 오는 이유이기도 합니다.

탕 : 국물과 함께

모츠나베

05 >

재료

사골육수 600ml,
소 대창 150g,
일본된장 30g,
양배추 3장,
청양고추 1개,
말린고추 5g, 부추,
폰즈소스

만드는 법

1. 양배추는 3cm×3cm 크기로 잘라놓는다.
2. 부추는 7cm 길이로 자른다.
3. 소대창을 깨끗이 세척하고 손가락 한마디 크기로 자른다.
4. 냄비에 사골육수 600ml를 붓고 된장 30g을 푼다.
5. **4**에 양배추를 넣고 대창을 올리고 부추와 말린 고추를 올린다.
6. 소형버너에 냄비를 올리고 가열해 익혀 먹는다.
7. 폰즈소스는 다시물 4T, 식초 1T, 설탕 1T 비율로 섞어 소스 그릇에 담고 청양 고추를 슬라이스해 넣는다. 기호에 따라 레몬을 넣어도 좋다.

다니엘's 코멘터리 +

일본 큐슈지역의 대표적인 음식으로는 돈코츠라멘, 명란젓, 모츠나베 등이 있다. 그중 모츠나베와 명란젓은 일제 강점기에 끌려간 조선인 노동자들에 의해 전해졌다는 설이 유력하다. 원래 일본에서는 소의 내장을 먹지 않았다. 하시민, 조선인 노동자들이 버려진 소의 내장과 뼈로 요리를 해먹으면서 일본인들에게도 알려졌다고 한다.

탕 : 국물과 함께

06 > 사골어묵탕

재료

사골육수 600ml,
모둠어묵 1봉,
계란 1개, 파채

만드는 법

1. 계란이 잠길 만큼 냄비에 물을 붓고 불을 켠다.
   7분 뒤 불을 끄고 냄비째 얼음물에 15분간 담근다.
2. 냄비에 사골육수 600ml와 모둠어묵 1봉을 넣는다.
3. 냄비를 가열하고 끓기 시작하면 소금으로 간을 한다.
4. 불을 끄고 파채를 올린다.

다니엘's 코멘터리 +

추운 겨울, 따뜻한 사골육수만큼 몸을 덥혀주는 음식도 드물다.
어머니가 가마솥에 직접 우려낸 사골육수라면 더욱 좋겠지만
혼자 사는 사람들이 사골을 우려내기란 쉬운 일이 아니다.
마트에서 포장된 사골육수를 살 수 있으니 이를 활용하면 된다.
일본에서는 간장베이스와 된장베이스로 된 어묵탕 육수를 구할 수 있다.
추운 홋카이도 지방에는 술지게미를 넣은 어묵탕도 있다.
우리나라에서는 주로 간장베이스로 만든 어묵탕을 많이 먹는 편이지만,
멸치나 디포리를 베이스로 한 어묵탕도 많다. 겨울철에는 닭육수, 소고기육수,
돼지고기육수로 만든 어묵탕도 좋다.

탕 : 국물과 함께

추운 날의
레시피

날씨가 영하권에 접어들고 체감온도가 급격히 떨어지는 날이면 유독 생각나는 음식이 있습니다. 사케카스지루. 사케카스는 술지게미를 말합니다. 알코올을 포함하고 있어서 몸을 따뜻하게 해주는 음식이지요. 일본에서도 특히 추운 홋카이도 같은 곳에서 쉽게 접할 수 있습니다. 저는 여기에 조갯살을 넣어 먹는 것을 즐기는 편입니다. 냉장고에 남아 있는 야채를 기름에 살짝 볶고 물을 부어주세요. 그리고 된장을 풀고 사케카스를 넣어 한번 끓이면 완성됩니다. 따뜻한 청주를 한 잔 곁들이면 어떤 음식보다도 부러울 것이 없습니다.

> 여행의
> 의식
> 2

일본여행 중에 요시노야吉野家라는 식당을 자주 보셨을 겁니다. 도쿄의 신주쿠에 본점을 두고 있는 요시노야는 무려 110년이 넘는 역사를 가지고 있습니다. 덮밥류나 간단한 즉석요리들이 주를 이루고, 계절별로 음식이 바뀌기도 합니다. 주머니 사정이 가벼운 직장인들이나 학생들이 자주 찾는 음식점이지요. 여행객들에게도 일본의 가장 평범한 식사를 맛볼 수 있는 곳으로 유명합니다. 저도 물론 그곳을 좋아합니다.

저는 요시노야의 맛있는 쌀밥을 좋아합니다. 양에 따라 가격이 달라 먹고 싶은 만큼의 양을 주문할 수 있는 것도 요시노야를 좋아하는 이유입니다. 저는 늘 큰 사이즈의 규동에 계란을 추가하고, 김치와 된장국을 주문합니다.

또 제가 이곳을 좋아하는 이유는 바로 저에게 추억의 맛을 떠올리게 해주는 포근한 식당이기 때문입니다. 누구나 힘든 시절을 떠올리면 생각나는 대상이 있게 마련이지요. 저에게는 요시노야가 바로 그런 곳입니다. 맛이 있고 없고를 떠나서 가난한 시절에 먹던 음식이지만, 꿈을 위해 열심히 배우고 익히던 시간을 추억하게 해주는 곳입니다. 지금도 일본에 가게 되면 제일 먼저 찾는 식당이 바로 요시노야입니다.

탕 : 국물과 함께

07 > 검은 된장 스지 어묵탕

재료

소힘줄(스지) 150g,
대파, 후추,
춘장, 된장,
미림, 설탕,
혼다시, 모둠어묵

만드는 법

1. 소힘줄을 찬물에 20분간 담가두고 핏물과 이물질을 제거한다.
2. 냄비에 물 1.5L와 소힘줄을 넣고 중불로 1시간 30분간 삶는다.
3. 냄비에 된장 15g, 춘장 15g을 넣고 풀어지도록 잘 섞는다.
4. 3에 혼다시 1t, 후추를 약간 뿌리고, 미림 2T, 설탕 1T를 넣는다.
5. 4에 모둠어묵을 넣고 5분간 끓인다.
6. 채썬 대파를 올린다.

다니엘's 코멘터리 +

일본 전역에서 만날 수 있는 요리다.
팔정ハT미소라고 부르는 검은 된장의 기원은 중국의 춘장이다.
일본에 정착한 많은 중국인들이 전파한 요리이기도 하다.
춘상은 의외로 쓰임새가 많은 재료 중 하나다.
춘장을 우리의 된장찌개처럼 끓여내도 그 맛이 일품이다.

셰프의 여름이야기

셰프에게 여름은 죽음의 계절입니다. 요리를 처음 시작할 때는 주로 뜨거운 요리를 만들어내는, 일명 뒷주방에서 일하게 됩니다. 볶거나 굽는 요리를 할 때면 속옷이 젖었다 마르기를 수차례 반복하기도 합니다. 땀을 많이 흘리게 되니 염분 손실이 많아 어떤 날엔 탈진하는 경우도 있습니다.

주방 안의 온도는 마치 사우나의 온도와 비슷해서 퇴근을 할 때면 기운이 하나도 없지요. 그럴 땐 편의점으로 직행해서 냉장고 속에서 우리를 기다리고 있는 시원한 캔맥주를 하나 사는 겁니다. 냉기를 한껏 머금은 맥주를 벌컥벌컥 마시고 나면 그제서야 몸속 열기가 식는 걸 느낍니다. 셰프들에게 시원한 맥주 한 잔은 마치 119 구급차와도 같습니다.

셰프들도 주방에서 요리를 하느라 진이 빠지고 힘이 드는 여름철에는 주로 외식을 많이 하는 편입니다. 제가 가장 즐겨 먹는 메뉴는 시원한 메밀국수입니다. 이가 시릴 만큼 시원한 육수를 후루룩 마시고 나면 입 안 가득 가쓰오향이 퍼지면서 힘들었던 하루를 보상받는 기분입니다. 역시 음식은 누군가 나를 위해 만들어준 음식이 세상에서 제일 맛있습니다.

세상의 모든 셰프들을 존경하고 사랑합니다.

소울푸드

'4월과 5월'이라는 듀엣에서 활동하시는 백순진 선생님은 제가 무척 존경하는 뮤지션이자 인생의 선배입니다. 평소 선생님을 보면서 저도 나이가 들면 선생님처럼 늙고 싶다고 생각할 정도입니다. 그런데 어느 날 선생님께서 자신의 소울푸드가 보르쉬(러시안스프)라고 알려주셨습니다.

어린 시절에 어머니가 자주 만들어주셨다고 하시더군요. 하지만 저는 맛을 본 적도 없고, 심지어 처음 들어본 요리였습니다. 그러자 선생님께서는 고기완자, 베이컨, 양배추, 토마토 등이 들어간다고 알려주셨습니다. 다행히 러시아 여성과 결혼한 지인의 도움을 받아 몇 번의 연습을 거쳐 보르쉬 만드는 법을 터득하게 되었습니다.

어느 정도 맛을 내는 데 자신이 생기게 되었고, 백순진 선생님을 초대해 보르쉬를 만들어드렸습니다. 선생님은 아무 말씀 없이 보르쉬를 음미하셨습니다. 그러고는 어머니가 해주셨던 그 맛이 난다는 말과 함께 눈물을 살짝 보이셨습니다. 자신의 형제들에게도 이 보르쉬를 꼭 맛보여주고 싶다고 하셨습니다. 조리사로서 최고의 찬사였습니다.

탕 : 국물과 함께

찜과 조림

깊고 짙은

08 > 일본식 돼지간장조림

재료

돼지고기 200g, 당근,
다시마, 대파, 생강,
통마늘, 메추리알, 후추,
간장, 미림, 설탕

만드는 법

1 돼지고기를 찬물에 20분간 담가 핏물과 이물질을 제거한다.
2 물 800ml, 양조간장 100ml, 미림 100ml, 설탕 100g을 냄비에 넣고 강불에서 끓인다.
3 설탕이 타지 않도록 계속 젓는다.
4 내용물이 끓기 시작하면 돼지고기를 넣고 약불에서 40분간 끓인다.
5 당근을 엄지손가락 크기로 썬다.
6 대파를 5cm 크기로 자른다.
7 생강을 엄지 손톱 크기로 자른다.
8 다시마를 5cm×5cm 크기로 준비하고 찬물에 씻는다.
9 당근, 대파, 생강, 다시마를 냄비에 넣고 40분간 약불로 끓인다.
10 냄비에 통마늘, 메추리알, 후추를 넣고 약불에서 1시간을 끓인다.

다니엘's 코멘터리 +

부타가쿠니ぶたかくに라는 일본식 장조림은 중국의 오향장육이 일본에 전파되면서
탄생한 요리다. 저온에서 2시간 이상 조려야 고기가 부드러워지고 맛이 잘 밴다.
삿포로처럼 추운 지역에서는 지방이 많은 삼겹살을 주로 사용하고,
후쿠오카 같은 더운 지역에서는 지방이 적은 다릿살을 주로 사용한다.
백돼지보다 덩치가 작고 육질이 부드러운 흑돼지고기를 준비하면 좋다.
술안주로도 손색이 없고, 육질이 부드러워서 노인과 이이 가릴 것 없이 먹기에 좋다.

09 > 소고기감자조림

재료

소고기 150g, 감자,
당근, 어린 옥수수,
양파, 그린빈, 간장,
미림, 설탕

만드는 법

1. 물 600ml, 간장 60ml, 미림 60ml, 설탕 30g을 냄비에 넣고 설탕이 녹을 때까지 젓는다.
2. 감자, 당근, 양파, 어린옥수수, 그린빈을 적당한 크기로 자른다.
3. 자른 재료를 냄비에 넣고 중불에서 20분간 조리한다.
4. 감자가 익을 때쯤 소고기를 넣는다.
5. 중불에서 약 15분간 조린다.

다니엘's 코멘터리 +

일본에서 니꾸자가라고 부르는 소고기감자조림은 대표적인 밥반찬이자,
일본인들의 소울푸드다.
만약 소고기가 없다면 돼지고기 또는 닭고기를 사용해도 좋다.
문어나 전복 같은 해산물을 같이 넣으면 색다른 맛을 즐길 수 있다.

어머니와 국물장조림

형편이 어려웠던 시절을 떠올리면 생각나는 음식들이 있습니다. 제게는 간장국물 장조림이 그런 음식입니다. 소고기 가격이 너무 비싸서 조금밖에 사지 못하던 때가 있었습니다. 어머니는 정육점에서 고기를 조금 사시고는 수구레(소의 가죽에서 떼어낸 지방질)를 얻어 오시곤 하셨어요. 그러시고는 장조림을 만들기 위해 소고기를 넣고 마치 간장탕을 끓이듯 간장국물을 만들어 장조림을 만드셨습니다. 냄비 한가득 간장을 넣고 고기와 수구레를 넣고 끓이는 것입니다. 그럼 저는 뜨거운 쌀밥에 마가린을 넣어 간장과 함께 비벼먹곤 했지요. 정말 너무 짜서 혀가 아린 느낌이 들 정도였습니다. 소고기감자조림의 레시피를 정리하다 보니 어머니가 만들어주셨던 그 시절의 장조림이 생각납니다. 오늘은 소고기장조림을 만들어 먹어야겠네요. 어머니를 생각하면서요.

간단한 소고기 장조림
물 8, 간장 1, 미림 1, 설탕 1의 비율로 장을 만들고 마늘, 생강, 대파, 소고기를 넣어 중불에서 1시간 정도 조리면 완성됩니다. 1시간 30분 정도 조리면 어린이나 노약자들이 먹기 좋게 부드러워집니다. 기호에 따라 삶은 계란을 넣어도 좋습니다.

할머니와 토마토

요즘 요리나 맛집에 대한 정보가 넘쳐나다 보니 재료 본연의 맛이라는 말을 자주 듣게 됩니다. 재료가 가진 고유의 맛을 가장 잘 끌어올려주는 것은 아무래도 복잡한 조리과정을 거치지 않은 초간단 요리가 아닐까 합니다. 예를 들어 양배추를 먹기 좋은 크기로 썰고 소금, 후추, 참기름만 뿌려도 정말 맛난 양배추샐러드를 만들 수 있습니다. 제가 운영하는 레스토랑에서도 단골로 내는 메뉴이기도 하고요.

또 어린 시절에 할머니가 토마토에 설탕을 잔뜩 뿌려주셨던 것을 기억하실 겁니다. 바로 그런 음식들이 추억의 맛이자 본연의 맛이죠. 한 가지 더 팁을 알려드리자면, 토마토 슬라이스에 허브솔트를 뿌려먹는 겁니다. 소금은 토마토의 단맛을 더 끌어올리고 허브는 토마토에 없는 색다른 향을 내면서 입 안 가득 다채로운 맛을 선사할 것입니다. 이렇게 간단한 과정만으로도 훌륭한 요리를 만들 수 있습니다.

농어찜

10 >

재료

농어 100g,
토마토 1/2개,
대파 1/2줄기,
통마늘 4개,
적양파 1/4쪽, 후춧가루,
올리브오일, 허브솔트

만드는 법

1. 농어살에 허브솔트와 후추가루를 뿌려 밑간한다.
2. 오븐용 그릇에 토마토 1/2개, 대파 1/2줄기, 통마늘 4개, 적양파 1/4쪽을 깔고 그 위에 농어살을 올린다.
3. 올리브오일을 오븐용 그릇 1/4까지 채운다.
4. 그릇에 호일을 씌운다.
5. 가정용 오븐을 이용하여 230℃로 20분간 조리한다.

다니엘's 코멘터리 +

농어는 여름철을 대표하는 생선이다. 만약 농어가 없다면 다른 생선을 사용해도 좋다.
등푸른 생선보다는 흰살 생선을 추천한다.
붉은살 생선인 참치나 연어도 색다른 맛을 즐길 수 있다.
냉장고에 있는 각종 야채들을 자유롭게 사용해도 좋다.
요리를 잘하는 사람과 못하는 사람의 차이는 응용을 얼마나 잘하느냐에 달려 있다.
레시피가 정답이라고 생각하지 말고 자신만의 방식으로 응용해
색다른 요리를 만들어보는 것을 추천한다. 와인이나 청주에 잘 어울리는 요리다.

11 >

고등어무조림

재료

고등어 1마리, 무 1/6,
대파 1/4, 다진 마늘 1T,
고춧가루 1T,

조림장

물 500ml, 간장 50ml,
미림 50ml, 설탕 50ml

만드는 법

1. 고등어를 먹기에 적당한 사이즈로 자른다.
2. 냄비에 무와 고등어, 조림장 재료를 넣고 중불에서 가열한다.
3. 내용물이 끓기 시작하면 대파 1/4, 다진 마늘 1T, 고춧가루 1T를 넣는다.
4. 고등어가 잘 익을 때까지 끓인다.

다니엘's 코멘터리 +

고등어는 대표적인 겨울철 생선이다.
고래회충이 많이 들어 있기 때문에 회로 먹을 때는 전문가의 도움을 받아야 하고
절대로 내장을 먹지 않는 것이 좋다. 아무래도 익혀서 먹는 것을 권한다.
횟집의 수족관에 있는 고등어들은 100% 자연산이라고 말할 수 없다.
대체로 통영쪽에서 축양하는 고등어들이다. 자연산 고등어는 성질이 급해서
그물에 잡혀 배 위로 올라오는 즉시 죽는다. 그래서 고등어를 잡으면
그물째로 축양장으로 옮겨 성어가 될 때까지 사료를 먹여 키운 후 출하한다.

어머니와 고등어

흰 쌀밥에 고등어무조림을 곁들여 먹고 있으면 어머니가 늘 떠오릅니다. 제 인생의 소울푸드를 꼽으라고 한다면 당연히 어머니가 만들어주신 고등어무조림이 첫 번째이기도 합니다. 어머니도 나이를 드셔서 예전만큼 자주 음식을 해주진 않으시네요. 그래서 이제 제가 어머니를 위해, 그리고 어머니의 손맛을 기억하기 위해 만든 레시피입니다. 개인적으로 많은 기억을 담은 음식이어서 그런지 레시피를 노랫말로 옮겨 보기도 했습니다.

고등어무조림

작사 정윤상, 정지찬 / 작곡 정지찬

냄비에 물을 500ml 부어주고
무를 큼지막이 썰어 넣고 뚜껑을 닫고
무가 익을 때까지~ 조금만 기다려~

보글보글~ 보글보글~
엄마가 해주던 고등어무조림
보글보글~ 보글보글~
오늘은 내가 고등어무조림을 만들거야.

고등어, 다진마늘, 고추가루 한수저 넣고
간장과 맛술을 50ml 설탕을 반수저
송송 썬 대파를 넣고~ 조금만 기다려~

보글보글~ 보글보글~
엄마가 해주던 고등어무조림
보글보글~ 보글보글~
오늘은 내가 고등어무조림을 만들거야.

청양고추 너무 넣으면 뚜껑이 열릴 수 있지~ 히

보글보글~ 보글보글~
엄마가 해주던 고등어무조림
보글보글~ 보글보글~
오늘은 내가 고등어무조림을~

보글보글~ 보글보글~
엄마가 해주던 고등어무조림
보글보글~ 보글보글~
오늘은 내가 고등어무조림을 만들거야~

하~ 맛.있.겠.다!!

방어간장조림

12 >

재료

방어살(또는 생선살) 100g,
꽈리고추 2개, 우엉,
갈은 무, 실고추, 간장,
설탕, 물 800cc,
다시마 5cm×5cm

만드는 법

1. 팬에 다시물 400cc, 간장 100cc, 설탕 100cc, 다시마를 넣고 약불에서 끓인다.
2. 우엉의 껍질을 벗기고 찬물에 담근다.
3. 무를 갈은 후 수분을 뺀다.
4. 꽈리고추를 깨끗이 씻고 꼭지를 딴다.
5. 팬에 방어살과 우엉을 넣고 조린다.
6. 끓는 간장을 국자로 떠서 생선살 위에 뿌려주기를 반복한다.
7. 간장의 비중이 높아지면 꽈리고추를 넣는다.
8. 접시에 생선살을 올리고 우엉과 꽈리고추도 보기 좋게 올린다.
9. 갈은 무와 실고추를 올린다.
10. 팬에 남아 있는 간장소스를 생선살 위에 붓는다.

다니엘's 코멘터리 +

생선 간장 조림은 비교적 간단하고 눈과 입을 모두 만족시켜주는 요리다.
집에 갑자기 손님이 찾아왔을 때 쉽고 빠르게 만들 수 있어 효과 만점이다.
마트에서 파는 연어로 조림을 해도 좋고 고등어나 꽁치를 사용해도 좋다.
술안주로도 손색이 없다.

삭힌 홍어 김치찜

13 >

재료

삭힌 홍어, 묵은지,
대파, 미나리,
다진 마늘, 고춧가루,
청양고추, 소금

만드는 법

1 삭힌 홍어를 크게 잘라 냄비에 담는다.
2 푹 삭은 묵은지를 꼭지만 따서 냄비에 넣는다.
3 물 700cc, 다진 마늘 1T, 고춧가루 1t를 넣고 가열한다.
4 김치보다 홍어가 먼저 익으므로 김치가 잘 익을 때까지 끓인다.
5 소금으로 간을 한 뒤 미나리, 대파, 청양고추를 올린다.

다니엘's 코멘터리 +

전라도에서는 홍어 없이는 잔치를 하지 않는다고 한다.
나 또한 고흥 출신이어서 늘 홍어를 즐기는 편이다.
3년 묵은 김치와 목포 홍어가 생겨서 한번도 시도해본 적이 없는
삭힌 홍어찜이라는 요리를 떠올려봤다.
톡 쏘는 맛이 일품이다. 막걸리와 함께 한다면 더없이 좋을 요리다.
홍어 마니아들에게 적극 추천한다.

홍어
좋아하세요?

홍어만큼 호불호가 확실한 음식도 없는 것 같습니다. 저는 홍어를 매우 좋아하지만, 제 주변만 봐도 그리 대중적인 음식은 아닌 것 같습니다. 제게도 먹지 못하는 음식이 하나 있는데요. 바로 제가 목을 자른 생선입니다. 종교적인 이유까지는 아니고, 그저 개인적인 이유 때문입니다. 요리를 시작하기 전에는 생선회를 무척 좋아했었습니다. 그런데 요리를 배우기 시작한 뒤 살아 있는 생선을 죽여 피를 뽑아내고, 머리를 자르고, 내장을 제거하는 것이 이상하게 힘들게 느껴졌습니다. 요리를 하는 직업을 가진 사람으로서 심적으로 힘든 부분을 참을 수밖에 없습니다. 게다가 가끔 생선의 목을 자를 때 '꺼억~'하는 소리를 내는 생선들이 있습니다. 자신이 죽을 걸 알기 때문에 부레에 공기를 엄청 넣는 것이죠. 그때 칼끝이 부레에 닿으면 바람 빠지는 소리가 납니다. 그 소리를 듣고 있자면 하루가 다 우울해지는 기분입니다. 그래서 저는 지금도 생선회를 먹지 않습니다. 소, 돼지, 닭과 같은 가축들도 만약 제가 잡아야 한다면 먹지 못할 것 같습니다. 인간을 위해 희생한 수많은 가축들과 생선들에게 미안한 마음을 갖게 되는 그런 날입니다.

간장 이야기

일본이나 한국에서는 요리를 할 때 간장을 정말 많이 사용하죠. 요리에 필요한 간장은 크게 양조간장과 진간장으로 나누어서 생각하면 쉽습니다. 양조간장은 콩 단백질을 자연분해한 간장입니다. 그리고 진간장은 4~5년을 숙성시켜 색과 맛이 진해진 간장입니다. 시장에서 판매하고 있는 진간장은 일본방식으로 만들어 왜간장이라고도 합니다. 재래식으로 만든 진간장은 숙성기간이 길어 염도가 낮고 단맛이 강하며 색이 진해 요리의 풍미와 색을 돋워줍니다. 그리고 집에서도 쉽게 만들어 먹을 수 있는 간장의 레시피를 하나 알려드리겠습니다.

가쓰오간장
간장 1, 혼다시 1, 미림 1의 비율로 섞어주세요. 그리고 이렇게 만든 가쓰오간장을 물 14 : 가쓰오간장 1의 비율로 끓여주세요.
이 가쓰오간장은 우동국물과 어묵육수로 사용하면 좋습니다. 시중에서 팔고 있는 우동원액이나 가쓰오간장과 맛이 똑같은 레시피니 꼭 기억해두셨다가 활용해보시기 바랍니다.

14 >

소고기생강볶음

재료

불고기용 소고기,
간생강, 대파, 통깨,
가쓰오간장, 맛술,
식용유

만드는 법

1. 팬에 식용유를 두르고 가열한다.
2. 소고기 150g과 간생강 30g을 팬에 넣고 볶는다.
3. 소고기가 절반 정도 익었을 때 대파를 넣는다.
4. 가쓰오간장 1T, 맛술 1T를 넣고 소고기가 익을 때까지 볶는다.
5. 그릇에 요리를 담고 통깨를 뿌려 마무리한다.

다니엘's 코멘터리 +

중국에서 전파된 조리법이 일본인의 입맛에 맞게 변형된 요리다.
주재료인 소고기 대신 돼지고기나 닭고기로도 만들 수 있다.
일본에서는 돼지고기생강볶음을 주로 먹는 편이며, 선술집에서 자주 볼 수 있다.
깨끗한 청주 한 잔과 함께하면 생강향이 입안 가득 퍼져 머리를 맑게 하고
기분이 좋아진다. 국내산 생강도 좋지만 요리에 사용한 것은 중국산 생강이다.
중국산 생강이 알이 굵고 매운맛이 덜하기 때문에 요리에 적합하다.
가쓰오 간장은 마트에서도 쉽게 구할 수 있다. 만약 가쓰오 간장이 없다면
양조간장을 사용해도 좋다.

찜과 조림 : 깊고 짙은

15 >

해물편백찜

재료

편백나무틀, 가지,
팽이버섯, 죽순, 대파,
당근, 문어다리,
게 집게발

만드는 법

1 모든 재료를 손가락 크기로 자른다.
2 편백나무틀에 보기 좋게 담는다.
3 찜기에 넣고 20분간 강불에서 익힌다.
4 편백향이 재료에 골고루 배어들기를 기다린다.

다니엘's 코멘터리 +

편백나무의 향이 머리를 맑게 해주는 건강한 느낌의 요리다.
편백나무틀만 있으면 어떤 재료도 도전해볼 만하다.
틀에 밥을 넣고 찜기에서 10분 정도 찌면 편백의 향이 살아 있는 편백찜밥이 된다.
청주와도 잘 어울린다.

12개의 편백나무 레시피

일본에 가면 세이로무시라는 요리가 있습니다. 큰 편백나무 틀에 각종 야채를 깔고 그 위에 고기, 문어, 게, 조개 등을 넣고 찌는 요리입니다. 일본에서 요리를 배울 당시 외국인 노동자에 불과했던 저로선 너무 비싸서 도저히 엄두를 내지 못했었습니다.

그러던 어느 날, 주류와 술잔 등을 납품하던 분이 키마스(편백나무술잔)를 선물로 주셨습니다. 키마스에 늘 술을 따라 마시던 사람들에겐 평범한 술잔일 뿐이었지만, 저에겐 색다른 아이디어를 떠올리게 해주는 술잔이었습니다. 하루는 편백나무술잔에 밥을 담고 그 위에 생선살을 올려 쪄보았습니다. 맛이 생각보다 좋았습니다. 제가 만든 편백나무술잔 요리를 사장님이 보시더니 몇 개 더 만들어보라고 하셨고, 12개의 편백나무술잔에 1월부터 12월까지 각 계절에 나는 재료들을 채워서 만들어보았습니다. 결과는 대만족!

저는 그날부터 주방에서 외톨이생활을 벗어나게 되었고, 사장님과 동료들은 나의 스승이자 친구가 되어주었습니다. 당시에 저를 돌봐주시던 사장님은 지병으로 돌아가시고 가게도 폐업을 한 상태라 더 이상 찾아뵐 수 없지만, 제 요리 인생에 큰 전환점을 남겨주셨습니다. 그때부터 저는 "오래 천천히 보아야 진정한 것이 보인다"라는 말을 인생의 좌우명이자 습관으로 여기며 살아가고 있습니다. 지금도 식재료뿐만 아니라 조리도구를 바라볼 때 천천히 보고 있노라면 늘 사용하던 방법이 아닌 다른 방법이 떠오르곤 합니다.

16 > 돼지고기고추말이

재료

돼지고기슬라이스 5장,
꽈리고추 5개, 건고추,
레몬슬라이스 1쪽

소스

다시물 80ml,
식초 20ml, 설탕 20ml

만드는 법

1 다시물 80ml, 식초 20ml, 설탕 20ml를 냄비에 넣고 한번 끓여 소스를 만든다.
2 돼지고기 슬라이스에 꽈리고추를 올린 뒤 말아준다.
3 **2**를 호일로 감싼다.
4 찜통에 **3**을 넣고 강불에서 가열한다.
5 김이 올라오면 7분간 익혀준다.
6 그릇에 돼지고기고추말이를 담고 소스를 붓는다.
7 건고추와 레몬슬라이스 한쪽을 올린다.

다니엘's 코멘터리 +

만드는 방법은 정말 간단하지만 맛이 매우 뛰어나기 때문에
어른이나 아이 가릴 것 없이 좋아하는 요리다.
밥반찬으로도 좋고 술안주로도 손색이 없다.
고추의 매운 맛을 즐겨 먹지 않는 아이들을 위해 꽈리고추 대신
제철 채소를 고기로 싸서 위의 레시피 대로 만들어도 좋다.
돼지고기 대신 소고기로 만들어도 좋다.

구이와 튀김

밥이 아니어도 괜찮아

17 >

명란마요구이

재료

명란, 마요네즈, 파채

만드는 법

1 명란을 깨끗이 씻어 찬물에 30분간 담그고 염도를 낮춘다.
2 명란 위에 마요네즈를 올린다.
3 오븐의 온도를 200℃에 맞추고 명란을 넣은 뒤 7분간 굽는다.
4 그릇에 명란을 담고 파채를 올린다.

다니엘's 코멘터리 +

비교적 간단한 요리지만, 오븐이 있어야 만들 수 있다.
마요네즈는 비중이 높아 가열온도를 견딜 수 있는 오*기사의 제품을 추천한다.
타사의 마요네즈는 녹아내려서 요리의 완성도를 떨어뜨린다.
약간의 염도가 있기 때문에 음식을 내기 전에 손님에게 염도가 있다는 것을
설명하는 것이 좋다. 마요네즈 대신 치즈를 올리는 것도 좋다.
명란은 중간 익힘 정도로 굽는 것을 추천한다.

일본식 돼지구이

18 >

재료

삼겹살 150g,
꽈리고추, 양배추,
토마토, 레몬, 참기름,
시치미

만드는 법

1. 양배추와 꽈리고추를 얇게 썬다.
2. 토마토와 레몬을 1/8쪽으로 자른다.
3. 삼겹살에 시치미를 뿌린 뒤 20분간 숙성한다.
4. 팬에 참기름을 두르고 중불에서 가열한다.
5. 가열된 팬에 삼겹살을 올려 노릇하게 굽는다.
6. 그릇 위에 양배추, 토마토, 레몬을 올린다.
7. 삼겹살을 보기 좋게 담고 꽈리고추를 올린다.

다니엘's 코멘터리 +

일본인들이 삼겹살에 시치미(7가지 향신료)를 뿌려 구워 먹는 것을 보고 만든 요리다.
매콤하고 향긋한 맛에 양배추를 곁들여 먹으면 느끼함마저 완벽하게 잡아준다.
밥과 함께 식사를 해도 좋고, 퇴근 후 시원한 맥주와 함께 간단히 먹기에도 좋다.

감자고로케

19 >

재료

돼지고기 30g,
감자 150g(1개),
양파 30g, 당근 20g,
양배추 30g, 밀가루,
빵가루, 계란 1개,
돈까스소스, 식용유

만드는 법

1 감자를 찜통에 찐 뒤 쪼개서 식히고 완전히 으깬다.
2 고기, 당근, 양파는 작게 썰어서 소금, 후추로 간을 한 뒤 팬에 볶는다.
3 **1**과 **2**를 섞어서 둥근 모양을 만든다(80g×2개).
4 팬에 식용유를 절반 정도 채우고 170℃가 될 때까지 가열한다.
5 **4**를 밀가루, 계란, 빵가루 순으로 묻혀서 노릇하게 튀긴다.
6 고로케와 채썬 양배추를 접시에 담고 돈까스소스를 곁들인다.

다니엘's 코멘터리 +

고로케는 프랑스에서 만들어 먹기 시작했고, 주변 국가로 퍼져 나갔다.
포르투갈과 활발하게 무역을 했던 일본의 메이지 시대(1868~1912) 후반부터
요리책에 고로케가 많이 등장한다. 이후 고급음식으로 자리잡아
아직까지 많은 사랑을 받고 있다. 다양한 속재료를 넣을 수도 있다.
고구마, 단호박, 새우, 조갯살, 게살 등을 넣어도 되고, 카레가루나 짜장가루를 넣기도 한다.
가정에서 한번쯤 도전해볼 만한 요리다.

고로케의
속사정

고로케는 속재료로 무엇을 넣느냐에 따라 전혀 다른 음식으로 바뀌곤 합니다. 제가 개발한 고로케 중에는 제주 대정읍에서 생산한 마늘로 만든 마늘 고로케가 있고, 제주 구좌읍에서 생산한 당근을 이용한 당근 고로케도 있습니다. 감자나 고구마로 만들면 전분질이 많아 손쉽게 만들 수 있습니다. 마늘이나 당근처럼 전분질이 부족한 식재료를 사용할 경우에는 전분을 조금 넣으면 쉽게 만들 수 있습니다. 과일도 고로케의 속재료로 사용할 수 있습니다. 제가 개발한 유채꽃 고로케도 맛이 좋습니다. 유채꽃이 피는 계절에만 한정으로 만들곤 하는데, 감자속에 유채꽃을 넣고 만들면 됩니다. 유채꽃 고로케를 한입 베어물면 입안 가득히 유채꽃 향기가 퍼집니다. 언젠가 제주도에도 다니엘스 키친을 열고 싶은 마음을 담아 제주도의 식재료로 고로케를 만들고 있습니다. 제주농가에 작은 도움이 되고자 하는 마음도 담아 함께 사는 세상을 만들고 싶습니다.

맥주를 위한 완벽한 안주

일본의 맥주들이 유명한 것은 알고 계시죠? 대기업의 맥주들도 유명하지만, 지역별로 소규모의 지비루(지역맥주) 공장들도 즐비하답니다. 맥주를 좋아하는 저로서는 일본의 지비루에 정말 많은 관심을 갖고 있고, 맥주를 좋아하는 만큼 맥주와 곁들여 먹을 수 있는 요리를 자연스레 개발하게 되었지요. 그런 요리 중에 하나가 바로 강불에서 버터를 녹인 뒤, 꾸덕하게 말린 생선을 넣고 볶다가 꿀을 넣어 다시 한 번 볶아낸 허니버터 생선살입니다.

한국에 돌아와서는 황태포를 물에 살짝 불렸다가 허니버터 황태로 만들어 먹었습니다. 손님들도 하나같이 엄지를 치켜들어주셨습니다. 그도 그럴 것이 황태포에 버터와 꿀을 조합해 만든 음식을 처음 드셔보셨을 테니까요. 그러고 보면 저만의 레시피를 만들어가는 것도 요리를 하는 사람으로서 누릴 수 있는 재미와 보람이라는 생각이 듭니다. 다른 누군가의 음식을 모방해서 만드는 것도 나쁠 것 없지만, 나 자신만의 아이디어를 요리로 풀어낸다면 그만큼 더욱 다양하고 재미난 요리들이 세상에 넘쳐날 겁니다. 그러한 사명감으로 오늘도 저는 새로운 요리를 개발합니다.

채식주의자를 위한 군만두

20 >

재료

유부, 표고, 숙주,
부추, 당면, 두부,
간장, 설탕, 만두피,
식용유

만드는 법

1. 두부 위에 무거운 것을 올리고 20분간 물기를 제거한다.
2. 당면을 미온수에 담가 30분간 불린다.
3. 유부, 표고, 숙주, 부추, 당면을 5mm 크기로 자른다.
4. 두부를 으깨고, 나머지 재료들과 잘 섞어 속재료를 만든다.
5. 전체 재료의 중량 5% 정도의 설탕을 넣는다.
6. 전체 재료의 중량 5% 정도의 간장을 넣는다.
7. 참기름을 살짝 넣는다.
8. 속재료들을 잘 섞은 뒤 냉장고에서 30분간 숙성한다.
9. 만두피에 속재료를 넣고 원하는 모양으로 만든다.
10. 팬에 기름을 두르고 가열한다.
11. 만두를 팬에 넣고 바닥면이 노릇해질 때까지 굽는다.
12. 팬에 소량의 물을 넣고 뚜껑을 덮는다.
13. 수분이 다 날아가면 만두를 꺼내어 접시에 담는다.

다니엘's 코멘터리 +

요즘 들어 채식을 하는 사람들이 많아졌다.
건강과 다이어트, 동물을 아끼는 마음 등의 다양한 계기로
채식을 시작한 사람들에게 도움을 주고자 만든 요리다.
만두 속의 육즙을 살리기 위해 속재료들의 물기를 짜지 않았다.
그러면 팬 위에서 구워진 쪽은 바삭하고 나머지 부분은 속재료의 수분 때문에
촉촉함을 유지할 수 있다. 기호에 따라 찜기를 이용해 찐만두로 먹어도 좋다.

치킨카라아게

21 >

재료

닭다리살 200g,
베타믹스 파우더 30g,
치킨파우더 10g,
물 40ml, 레몬,
껍질콩, 후추, 꿀

만드는 법

1. 닭다리살을 찬물에 담가 핏물과 이물질을 제거한다.
2. 닭다리살을 한입 크기로 자른다.
3. 믹싱볼에 닭다리살과 베타믹스 파우더 30g, 치킨파우더 10g, 물 40ml를 넣고 잘 섞은 뒤 냉장고에서 15분간 숙성한다.
4. 냄비에 식용유를 절반 정도 붓고 170℃까지 가열한다.
5. 숙성이 끝난 닭다리살을 가열된 식용유에 넣고 4분 30초 정도 튀긴다.
6. 튀긴 치킨을 꺼내어 철망 위에 놓고 기름을 뺀다.
7. 접시에 치킨을 담고 껍질콩과 레몬을 올린 뒤 후추를 뿌린다.
8. 꿀은 소스로 낸다.

다니엘's 코멘터리 +

일본의 오이타현은 치킨카라아게로 가장 유명하다. 닭이 특산품이기도 하거니와
오이타역에 가면 닭, 달걀 동상이 있을 만큼 다양한 닭요리들을 만날 수 있다.
야키도리, 닭사시미, 치킨카라아게 등 한국에서 접해보지 못한 닭요리를 만나려면
오이타현을 추천한다. 오이타에서 요리를 배울 때 치킨카라아게를 먹어보고 무척 놀랐다.
한국에서 먹어본 치킨카라아게와는 많이 달랐기 때문이다.
바삭한 튀김옷을 한입 베어물었을 때 입안 가득 퍼지는 육즙이 인상적이었다.
반면 한국의 치킨카라아게는 대부분 바삭함도 덜하고 육즙도 없고 맛도 떨어진다.
그 이유는 조리법이 다르기 때문이다. 일본에서는 계란흰자 성분이 함유된
베타믹스파우더를 사용한다. 계란의 흰자가 바삭함과 육즙을 유지하는 역할을 한다.
하지만 한국에서는 닭다리살에 녹말가루나 튀김가루를 묻혀 그냥 튀겨낸다.
베타믹스파우더는 인터넷에서 쉽게 구매할 수 있다.

할머니와 닭튀김

경기도 성남에서 잠시 살았던 시절이 있었습니다. 할머니와 함께 모란시장에 종종 가곤 했는데, 장날에는 언제나 사람이 넘쳐났습니다. 그곳에서 어린 강아지를 팔고 있는 모습을 처음 보았습니다. 병아리와 새끼오리와 자라도 기억이 납니다. 아마도 저는 모란시장에서 놀라움이라는 감정을 처음 느꼈던 것 같습니다.

또 한 가지 저를 놀라게 한 것이 있습니다. 바로 닭튀김입니다. 시장을 구경하고 있는데, 갑자기 구수한 닭튀김 냄새가 제 코를 자극했습니다. 30년도 넘었지만 여전히 그 냄새를 잊지 못합니다. 할머니는 저를 이끌고 닭튀김 가게로 가서는 닭 한 마리를 주문하셨습니다. 주인장 아저씨는 재빠르게 닭을 튀기셨습니다. 잘 튀겨진 닭은 누런 종이봉투에 치킨무와 함께 담겨졌습니다.

누구나 처음으로 맛본 닭튀김에 대한 기억이 있을 겁니다. 저에겐 모란시장에서 할머니와 함께 사왔던 닭튀김이 그렇습니다. 그 뒤로도 어릴 적 아버지가 사다주신 치킨의 맛, 고등학교 때 친구들과 처음으로 치킨집에 가서 뼈까지 씹어 먹었던 기억, 치킨과 맥주를 몰래 먹고 마시다 선생님에게 걸

려서 혼났던 기억, 대학교 시절 처음으로 친구들에게 치킨을 직접 만들어주었던 기억들이 떠오릅니다. 요리사가 된 후로는 가장 맛있는 치킨을 만들고 싶다는 생각에 무수히 많은 도전과 연구를 거듭하며 나만의 치킨 레시피를 만들기도 했습니다. 그렇게 만들어본 레시피가 계란흰자에 밀가루를 반죽해 만든 치킨입니다. 계란흰자를 사용하면 겉은 바삭하고 속은 촉촉해서 아주 좋은 맛을 냅니다. 요즘은 계란 흰자 분말도 나오고 반죽만을 위한 제품들도 나와 있습니다. 치킨은 세대를 불문하고 인기 있는 음식이어서 좀 더 색다른 치킨을 개발하면 좋을 것 같습니다. 저도 꾸준히 색다른 치킨을 만들어 보겠습니다.

킹크랩 버터구이

22 >

재료

킹크랩 다리 2개,
버터 5g

만드는 법

1 킹크랩 다리의 껍질을 필러로 벗긴다.
2 버터를 가열해 액체상태로 만든다.
3 조리용 붓으로 킹크랩 다리에 버터를 골고루 바른다.
4 오븐에 넣고 230℃로 10분간 가열한다.
5 그릇에 담는다.

다니엘's 코멘터리 +

오사카로 여행을 가면 한번쯤 먹어보는 요리다.
킹크랩이나 대게나 꽃게 등으로 응용해도 좋다.
구수한 버터향이 퍼져 술안주로 제격이고, 아이들도 좋아한다.
만약 대게나 킹크랩을 내는 식당이나 이자카야를 운영하는 분들에게
적극 추천하는 요리다. 매출에 분명히 도움이 될 것이라고 보장한다.

토마토 가지 치즈구이

23 >

재료

가지, 토마토,
모짜렐라치즈,
허브솔트, 파슬리가루,
올리브오일

만드는 법

1. 가지 1/2, 토마토 1/2를 반달 모양으로 자른다.
2. 가열된 팬에 올리브오일을 두르고 가지와 토마토를 2/3 정도 익힌다.
3. 오븐용 접시에 가지와 토마토를 하나하나 순서대로 담는다.
4. 모짜렐라치즈를 토마토와 가지 위에 골고루 올린다.
5. 오븐을 200℃로 예열하고 온도가 올라가면 그릇을 오븐에 넣고 13분간 가열한다.
6. 오븐에서 접시를 꺼내어 파슬리 가루를 올린다.

다니엘's 코멘터리 +

매우 간단하고 쉬운 요리지만, 비주얼이나 맛이 일품이다.
레드와인과 같이 먹으면 잘 어울린다. 기호에 따라 발사믹 크림을 올려도 좋다.
파슬리 대신 애플민트, 바질 등의 향신료 잎채소를 올려주면 좋다.

24 >

허니버터치킨

재료

닭다리살 150g,
치킨파우더, 식용유,
벌꿀, 버터, 통깨

만드는 법

1. 닭다리살을 한입 크기로 자른다.
2. 믹싱볼에 치킨파우더 30g, 물 30cc를 붓고 닭다리살과 함께 버무린다.
3. 냄비에 식용유를 붓고 170℃가 될 때까지 가열한다.
4. 가열된 기름에 반죽한 닭다리살을 넣어 4분간 튀긴다.
5. 치킨의 기름이 잘 빠지도록 철망 위에 올린다.
6. 가열된 프라이팬에 버터를 넣고 액체상태가 될 때까지 가열한다.
7. 6에 치킨을 넣고 버터가 치킨에 흡수되면 꿀을 넣고 다시 한 번 볶는다.
8. 접시에 담고 통깨를 뿌려 마무리한다.

다니엘's 코멘터리 +

단시간에 조리를 끝내야 치킨의 바삭함을 맛볼 수 있다.
혹시 지난밤에 먹다 남은 프라이드치킨이 있다면
버터와 벌꿀로만 조리해도 허니버터치킨을 만들 수 있다.
프라이드치킨을 배달시켜 반은 먹고, 반은 허니버터치킨으로 만드는 것도 좋다.

새로운 맛을 위하여

몇 년 전, 허니버터칩이라는 과자가 우리나라에 소개되었던 때를 기억하시나요? 광풍이라고 할 만큼 사람들이 관심을 갖고 너도나도 맛을 보기 위해 줄을 서는 진풍경도 펼쳐지곤 했었습니다. 음식이 유행한다는 것이 당연한 일이기도 하지만, 한편으로는 사람들이 아직까지 먹어보지 못한 식재료와 요리들이 많다는 이야기이기도 합니다. 또 셰프의 입장에서는 자신의 이름을 걸고 꾸준히 자신만의 요리를 개발해 사람들의 입맛을 만족시켜야 한다는 말도 됩니다. 그런 면에서 기존의 음식을 자신만의 것으로 만드는 것도 좋지만, 전혀 새로운 맛과 스타일의 음식을 만들어보는 것이 더욱 보람 있을 것입니다. 자신만의 독특한 메뉴를 만든다면 허니버터칩에 버금가는 대박 요리가 탄생할 겁니다. 요리를 개발하기 위해선 식재료에 대한 지식이 풍부해야 하고 조리기술의 수련을 통해 보다 나은 스킬을 가져야 합니다.

길고양이를 위한 간식

2017년 12월의 어느 날, 다니엘스 키친에 어린 길고양이 한 마리가 찾아왔습니다. 날씨가 너무 추워서 걱정이 되더군요. 임시방편으로 스티로폼 박스로 집을 만들고 따뜻한 물과 사료를 넣어 주었습니다. 길에서 사는 녀석이라 조금씩 걱정이 되기 시작했습니다. 어린 녀석을 위해 건강식으로 챙겨줄 생선살을 말리고, 닭고기를 삶아서 준비해두기로 했습니다. 그런데 역시나 고양이는 영역 동물이더군요. 어느날 갑자기 큰 길고양이가 찾아와 어린 고양이의 음식을 모조리 먹어치운 겁니다. 그 뒤로는 어린 고양이를 볼 수 없었습니다.

길고양이들을 위해 간식을 챙겨주고픈 분들을 위해 고양이 간식 레시피를 소개합니다. 제가 만들었던 간식은 생선살 말린 것과 닭고기를 삶은 것입니다. 생선살에는 염분이 있기 때문에 차가운 물에 15분간 두 번 정도 담갔다 뺍니다. 그러고나서 그늘지고 바람이 잘 통하는 곳에서 반건조 상태로 말리면 됩니다. 닭고기는 단백질과 지방의 공급원으로 좋습니다. 닭껍질과 함께 주면 단백질, 지방을 동시에 섭취할 수 있습니다. 추운 겨울을 길거리에서 보내야 하는 고양이들에게는 양질의 지방도 꼭 필요하니까요.

25 > 다테마끼

재료

계란 6개, 새우 6마리,
우유(계란과 새우의 양의 20%),
설탕(총량의 10%),
버터 약간

만드는 법

1. 계란과 6마리 분량의 새우살을 믹서에 넣고 곱게 간다.
2. **1**의 총량의 20%의 우유를 넣고 다시 믹서로 간다.
3. **2**의 총량의 10%의 설탕을 넣고 다시 믹서로 간다.
4. 사각팬을 데우고 버터를 녹여 골고루 바른다.
5. **3**을 사각팬의 2/3까지 채운다.
6. 가스버너의 불을 최대한 작게 한 뒤 사각 팬을 올린다.
7. 약불에서 10~15분 동안 굽는다.
8. 사각팬을 천천히 흔들었을 때 계란물이 흔들리면 아직 덜 익은 것이니 움직이지 않을 때까지 굽는다.
9. 사각팬 위의 내용물을 뒤집고 약불에서 5분간 굽는다.
10. 김발에 구운 계란을 올리고 김밥처럼 만다.
11. 김발로 만 상태에서 식히고, 먹기 좋은 크기로 썰어서 그릇에 담는다.

다니엘's 코멘터리 +

난이도가 있는 요리이고, 번거로운 작업이라 일본에서도 고급 초밥집이 아니면 보기 힘들다. 시간과 정성이 들어가지 않으면 실패할 수 있다.

명란밥고로케

26 >

재료

밥 100g, 명란젓 30g,
튀김가루, 건빵가루,
옥수수, 토마토 1/8,
브로콜리, 양배추,
마요네즈, 식용유

만드는 법

1. 명란젓을 찬물에 20분간 담가 염도를 낮춘다.
2. 브로콜리를 데치고, 양배추를 얇게 채썬다.
3. 명란젓의 껍질을 제거하고 내용물만 따로 담는다.
4. 명란 30g과 밥 100g을 믹싱볼에서 골고루 섞는다.
5. **4**를 3등분으로 나눈 뒤 동그랗게 만든다.
6. 튀김가루와 물을 1:1의 비율로 섞은 뒤 **5**를 담근다.
7. **6**에 건빵가루를 골고루 입힌다.
8. 냄비에 기름을 1/2 정도 붓고 170℃까지 데운다.
9. **7**을 기름에 넣고 노릇하게 튀긴다.
10. 그릇에 브로콜리, 토마토, 옥수수, 양배추를 올린 뒤 고로케를 올린다.

다니엘's 코멘터리 +

명란밥고로케는 남은 밥으로 할 수 있는 간단한 요리다.
밥이 남아 처치하기 곤란했을 때 우연히 만들게 된 레시피이기도 하다.
이제는 밥이 남아서 하는 요리가 아니라 정말 먹고 싶어서 만드는 요리가 되었다.
튀김에 자신이 생겼다면 꼭 한번 해보길 권한다. 어른이나 아이 모두 좋아하는 요리다.

요리하는 마음

음식을 만드는 조리사는 마음가짐이 중요합니다. 손님에게 최고의 요리는 정성이 가득 담기고, 가성비가 좋은 요리일 것입니다. 정성 가득한 요리를 하려면 오랜 기간 수련을 해야 하고 가성비가 좋으려면 재료를 아끼지 말아야 합니다. 이윤은 그 모든 것이 갖춰진 이후의 문제입니다.

우리가 매일 뉴스를 보듯이 조리사는 매일 식재료를 천천히 오래 봐야 합니다. 재료를 오래 보면 볼수록 어떤 요리를 할지 생각하게 되고 좋은 식재료를 사용해야 손님들에게 창피함 없이 떳떳이 요리하여 대접할 수 있습니다.

연희동
심야식당

제가 운영하는 가게는 디너 타임을 마치고 밤 10시 30분부터 새벽 3시까지 심야식당으로 운영되고 있습니다. 서로 모르는 사람들이 모여들어 술도 한 잔 하면서 담소를 나눌 수 있는 그런 식당입니다. 그럼 저는 그곳에서 식당을 방문한 사람들을 위해 요리를 합니다. 손님들을 향한 마음과 숙련된 기술을 요리에 담습니다. 20대에는 요리에 겉멋을 한껏 담았던 것 같습니다. 하지만 요즘은 좋은 식재료를 구해 재료의 맛을 최대한 끌어낼 수 있는 요리로 손님들을 대접하려고 합니다. 이렇게 모르는 사람과 함께 술잔도 기울일 수 있고, 친구가 될 수 있다는 것은 참 매력적인 일입니다. 물론 그 중심에는 요리라는 중요한 매개체가 있지요.

밥과 면

오늘의 한 끼

마늘바지락파스타

재료

간마늘 60g,
바지락 15알,
스파게티면 1인분,
파슬리, 후추, 소금,
올리브오일

만드는 법

1. 바지락을 소금물에 담가 해감한다.
2. 냄비에 물을 넣고 강불에서 끓인다. 물이 끓으면 스파게티면을 넣고 7분간 삶는다.
3. 면을 건져내고 물기를 제거한 뒤 올리브오일을 골고루 뿌린다.
4. 프라이팬을 가열하고 올리브오일을 붓는다.
5. 바지락과 간마늘을 팬에 넣고 뚜껑을 닫는다.
6. 바지락의 입이 벌어지면 골고루 볶는다.
7. 스파게티면을 넣고 다시 한번 골고루 볶는다.
8. 간을 보고 기호에 맞게 소금을 적당히 넣는다.
9. 스파게티면과 바지락을 접시에 담고 후추와 파슬리를 살짝 뿌린다.

다니엘's 코멘터리 +

서양식과 다르게 슬라이스 마늘 대신 제주도 대정읍에서 생산된 마늘을 갈아서 넣고
여수에서 잠수부들이 잡아올린 바지락을 사용했다.
구수한 마늘의 맛과 바다향이 진한 바지락의 맛을 제대로 느낄 수 있다.
가장 맛있는 요리는 가장 간단한 조리법으로 만든 요리다.
그래야 재료가 가진 본연의 맛을 살릴 수 있다.

28 >

나폴리탄

재료

스파게티면 1인분,
토마토 케첩 2T,
다진 마늘 1T,
올리브오일 1T,
피망 1/5, 양파 1/8,
햄 50g, 설탕 1t,
후추 약간, 새싹 조금

만드는 법

1. 냄비에 물을 붓고 끓기 시작하면 스파게티면 1인분을 넣은 뒤 7분간 삶는다.
2. 양파와 피망을 손가락 한마디 크기로 자른다.
3. 팬에 올리브오일을 두르고 다진 마늘의 매운기가 없어지도록 볶는다.
4. 팬에 양파와 피망을 넣어 볶은 다음 햄도 함께 볶는다.
5. 4에 스파게티면을 넣고 토마토케첩과 설탕, 후추를 넣는다.
6. 접시에 음식을 담고 기호에 따라 새싹을 올려 마무리한다.

다니엘's 코멘터리 +

나폴리탄 스파게티는 재료를 구하기도 쉽고 만들기도 쉽다.
집에 남아 있는 재료를 활용하기에도 좋고, 가족이나 친구를 초대할 때
빠르게 준비할 수 있다.

29 >　　　　　　　　　　　　　　　　　　　　굴먹물파스타

재료

먹물파스타면, 굴,
올리브오일, 다진 마늘,
소금, 애플민트

만드는 법

1　끓는 물에 먹물파스타면을 7분간 삶는다.
2　팬에 올리브오일을 두르고 가열한다.
3　2에 다진 마늘, 굴을 넣고 볶는다.
4　면을 넣고 볶다가 소금으로 간을 한다.
5　접시에 담고 애플민트를 올린다.

다니엘's 코멘터리 +

맛있는 굴먹물파스타를 위해 다진 마늘은 구수해질 때까지 충분히 볶아야 한다.
마늘이 익지 않으면 매운맛이 살아 있어 전체적인 맛의 균형감이 무너지기 때문이다.
제철에 난 식재료들을 사용해야 맛이 좋은 요리를 만들 수 있다.
이 요리에는 전라남도 고흥 자연산 굴과, 제주도 대정읍에서 자란 대정마늘을 사용했다.
마트에 가면 먹물파스타면을 판매한다. 구하기 힘들다면 일반 스파게티면을 사용해도 좋다.

음식의 색

오징어, 문어, 낙지 같은 연체류의 먹물에는 멜라닌 색소와 리조팀이라는 효소가 들어 있습니다. 멜라닌 색소는 단백질의 일종이고, 리조팀은 방부효과와 항암효과가 뛰어나다고 합니다. 먹물은 여러 방식으로 응용하기 좋은 식재료입니다. 밥을 지을 때 먹물을 조금 넣어 먹물밥을 만들 수도 있고, 수제비 반죽에 넣어 먹물수제비를 만들 수도 있습니다. 식빵을 만들 때 넣기도 하고, 튀김옷을 반죽할 때 넣어주면 독특한 검은 튀김을 만들 수도 있습니다. 저는 주로 오징어튀김을 만들 때 먹물반죽을 입혀서 만들곤 합니다. 먹물 외에도 다양한 색을 낼 수 있는 재료들을 몇 가지 소개하고자 합니다.

검정색 - 오징어 먹물
보라색 - 비트, 갓, 포도껍질, 아로니아, 블루베리
노란색 - 치자, 계란 노른자
빨간색 - 딸기, 산딸기, 베고니아 꽃
초록색 - 시금치 즙, 잎 채소
주황색 - 홍당무

손님 이야기 1

심야식당에는 많은 손님들이 방문합니다. 대부분 단골손님들이지만, 첫방문인 손님들도 간혹 있습니다. 심야식당에 오는 분들은 하나같이 마음에 상처를 가진 분들이기도 합니다. 술 한 잔을 들이켜고는 오늘 하루 힘들었던 기억들을 잊으려 하고, 맛있는 요리 한 접시와 함께 자신에게 응원의 한마디를 건네며, 내일의 희망을 품고 하루하루를 열심히 살아가는 분들이지요.

그런 손님들을 위해 저는 마음을 담아 요리를 합니다. 손님들과 이런 저런 이야기를 하고 있으면 문득 그분들을 위한 요리가 떠오르곤 합니다. 그럼 바로 요리를 시작합니다. 손님들은 자신을 위해 요리하는 저의 모습을 보면서 감동을 받는다고들 하시더군요. 그도 그럴 것이 누군가 자신만을 위해 요리를 해준다는 것 자체만으로 행복을 느낄 수 있으니까요. 저는 앞으로도 많은 분들이 위로 받고 치유 받을 수 있는 요리를 계속할 겁니다. 저 또한 제 요리에 감동을 받은 손님들을 보면서 아픈 마음을 치유할 수 있으니까요.

도치알덮밥

30 >

재료

도치알 100g,
밥 한 공기, 새싹,
참기름, 초고추장

만드는 법

1. 도치알을 끓는 물에서 2분간 삶는다.
2. 덮밥그릇에 밥을 담고 참기름을 적당히 뿌린다.
3. 밥 위에 삶은 도치알을 올리고 새싹을 올린다.
4. 초장을 함께 낸다.

다니엘's 코멘터리 +

도치는 심퉁 맞게 생겼다고 해서 심퉁이라고도 불린다.
강원도에서는 도치에 알이 가득 차는 겨울철이면 묵은 김치와 함께 끓이는
도치탕을 즐겨 먹는다. 수산시장에서 마리당 1만 원이면 구입할 수 있다.
또 뼈가 물렁뼈여서 버릴 것이 하나도 없다. 숙회로 먹어도 좋고, 알탕으로 먹어도 좋다.
아구찜처럼 도치찜도 일품이다. 겨울철에 꼭 맛봐야 하는 식재료다.

멍게비빔밥

31 >

재료

깐 멍게 1봉,
밥 한 공기, 참기름,
통깨, 새싹, 초고추장

만드는 법

1 깐 멍게를 채에 걸러 물을 버리고 내용물만 담는다.
2 덮밥그릇에 밥을 담고 참기름을 뿌린다.
3 밥 위에 멍게를 올리고 통깨를 뿌린 뒤 새싹을 올린다.
4 초고추장은 기호에 따라 비벼 먹을 수 있게 따로 낸다.

다니엘's 코멘터리 +

멍게의 종류는 크게 비단멍게, 참멍게, 돌멍게가 있다.
비단멍게와 돌멍게는 양식이 안 되기 때문에 꽤 비싼 편이다.
주로 우리가 먹는 것은 양식이 가능한 참멍게(꽃멍게)다.
해산물을 즐겨 드시는 분이라면 여름철 멍게와 소주 한 잔을 곁들이고 싶을 것이다.
참고로 멍게는 죽고 나면 향이 강해지는 특징이 있다.
즉 향이 진할수록 신선하지 않은 것이다.
또 멍게비빔밥에 상추나 깻잎, 고추 등을 넣어서 먹는 경우가 있는데,
여기서 소개하는 레시피는 멍게의 향을 최대한 살리는 방법이다.

고등어봉초밥

32 >

재료

시메사바,
흰쌀밥, 감태,
간생강, 고추냉이

만드는 법

1 김발 위에 고등어를 올리고 와사비를 바른다.
2 따뜻한 흰쌀밥을 올리고 말아준다.
3 완성된 봉초밥의 고등어 등쪽에 감태를 올린다.
4 감태와 고등어가 밀착되도록 김발을 이용해 다시 한번 말아준다.
5 봉초밥을 김밥 크기로 자른다.
6 간생강을 봉초밥 위에 하나씩 올린다.
7 그릇에 담는다.

다니엘's 코멘터리 +

초절임 고등어(시메사바)로 만든 초밥이어서 흰쌀밥만을 사용한다.
기호에 따라 다양한 형태의 초밥을 만들어도 좋다. 물론 가정에서 만들기 힘든 요리다.
횟집에서 살아 있는 고등어를 구입하거나 수산시장에서 횟감 고등어를 구입해
도전하길 추천한다. 마트나 횟집에 파는 포장회를 사서 만들어도 좋다.

초밥
이야기

초밥 좋아하시나요? 초밥의 매력은 계절별로 나는 식재료를 모두 사용할 수 있다는 데 있습니다. 겨울에는 고등어, 가을에는 전어, 여름에는 농어, 봄에는 도다리 등으로 초밥을 만들 수 있고, 사계절에 모두 나는 재료는 두말할 나위가 없지요. 초밥의 단골메뉴인 참치는 겨울이 제철이기는 하나, 축양기술의 발달로 사계절 모두 먹을 수 있는 재료가 되었지요.

우리가 즐겨 먹는 초밥에 대해 좀 더 알아보겠습니다. 우선 초밥 1인분은 10~14점으로 구성되며 참치 두 점, 흰살 생선 두 점, 등푸른생선 한 점, 문어나 오징어류 한 점, 갑각류 한 점, 조개류 두 점, 계란 한 점, 군함말이 두 점(성게알, 연어알, 날치알, 기타 생선알), 마끼 두 점을 올리는 편입니다. 이렇게 구성한다는 것은 셰프의 지식과 경험이 많다는 것을 의미하기도 합니다. 초밥의 시작은 재료를 준비하는 데서부터 시작되며, 좋은 재료를 구하고 정교하게 손질을 하려면 오랜 기간에 걸쳐 수련을 해야만 합니다.

최근에 셰프의 이름을 내건 체인 초밥집을 방문했다가 크게 실망한 적이 있습니다. 대부분의 초밥이 냉동 상태의 재료로 만들어져 있었고, 생선에서는 비린내가 날 뿐만 아니라 초밥의 밥맛도 형편없었습니다. 물론 체인점이니 간판에 이름을 내건 분이 직접 만들지는 않겠지만 초밥을 쥐는 분의 요리 실력에서 깊이를 느낄 수 없었습니다. 초밥이 아닌 어떤 요리라도 좋은 재료와 정성 어린 마음을 담는다면 고객 입장에서 만족하고 맛있는 식사를 할 수 있을 것입니다.

늘 좋은 식재료와 적절한 밥의 비율로 정성을 다해 정갈하게 내는 초밥을 입 안에 품고 있으면 초밥을 쥔 사람의 마음마저 감도는 듯합니다. 그러면 누구라도 감사한 마음으로 초밥을 먹게 되지요. 정성을 가득 담은 음식이 감동을 주는 것은 언제나 변함없는 진실입니다. 요리는 멋으로 하는 것이 아니라 정성으로 해야 한다고 생각합니다.

비밀의 초밥 레시피

일본에서 요리를 배울 때 가장 힘들었던 것은 아이러니하게도 요리를 알려주는 사람이 아무도 없었다는 점입니다. 늘 접시를 닦고 쓰레기를 치우는 일만 했었습니다. 게다가 제가 일하던 초밥집의 배합초가 무척 맛있어서 사장님께 배우고 싶었지만, 사장님은 자신만 들어갈 수 있는 비밀의 문 안에서 은밀하게 만들곤 했습니다. 그런데 하루는 사장님이 배합초의 재료들을 하나하나 일러주시고는 저에게 그 재료들을 가져오라고 하시는 겁니다. 재료는 간단했습니다. 설탕, 식초, 소금, 카보츠(청귤과 비슷한 오이타현의 특산물). 저는 한편으론 기뻤지만, 또 한편으론 더욱 궁금해질 수밖에 없었습니다. 그 재료들이 어떤 비율로 얼마나 들어가는지를 도통 알 수 없었으니까요.

그러다 문득 한 가지 방법이 떠올랐습니다. 사장님은 매주 월요일에 배합초를 만들곤 했었습니다. 그래서 저는 일요일 퇴근할 때에 맞춰 배합초에 들어가는 재료들의 무게를 모조리 측정해서 기록해두었지요. 그리고 월요일이 오기를 기다렸습니다. 월요일에 사장님이 배합초의 재료들을 가져오라고 지시했고, 저는 떨리는 마음으로 재료들을 전했습니다. 역시나 사장님은 비밀의 문 안으로 들어가셔서는 배합초를 만들어 나오셨고, 나머지 재료들을 원위치시키라고 하셨죠.

그날 저녁 모두가 퇴근한 뒤 저는 남은 재료들의 무게를 모조리 측정해 어떤 재료가 얼마나 비었는지를 알아내어 배합초의 비율을 알게 되었습니다. 그렇게 알아낸 비율로 만든 배합초의 맛은 사장님의 맛과 똑같았습니다. 물론 지금 제가 만들고 있는 초밥의 레시피는 저만의 비법을 조금 더한 것입니다. 혹시 제 배합초의 레시피가 알고 싶으시다면, 저의 식재료 창고를 한번 뒤져보세요.

33 >

돈카츠

재료

돼지등심, 습식빵가루,
베타믹스파우더,
허브솔트, 식용유,
참깨드레싱,
돈카츠소스, 양배추,
토마토, 브로콜리,
옥수수콘, 밥

만드는 법

1. 돼지등심을 1.5cm 두께로 자르고 사선으로 칼집을 넣은 후 허브솔트를 적당히 뿌린다.
2. 양배추를 얇게 채를 치고 찬물에 20분간 담가둔다.
3. 브로콜리를 데친 후 찬물에 담가 식히고 적당한 크기로 썬다.
4. 토마토를 1/8쪽으로 자른다.
5. 식용유를 냄비에 1/3 정도 채운 후 가열한다.
6. 베타믹스파우더와 물을 1:1로 섞는다.
7. 돼지등심을 베타믹스반죽에 담그고 골고루 묻힌다.
8. 7에 습식빵가루를 골고루 묻힌다.
9. 기름온도가 170℃까지 오르면 돈카츠를 넣고 4분 30초간 튀긴다.
10. 돈카츠를 꺼내어 기름이 잘 빠지도록 30~40초 정도 세워둔다.
11. 접시에 양배추, 토마토, 브로콜리, 밥을 올려 준비한다.
12. 돈카츠를 먹기 좋은 크기로 자르고 접시에 담는다.

다니엘's 코멘터리 +

돼지등심을 두들겨서 펴지 않아야 두툼한 고깃살의 육즙을 느낄 수 있다.
대부분 돈카츠가 일본요리라고 생각하지만 사실 포르투갈 요리다.
일본은 전쟁을 위해 포르투갈에서 조총을 수입했다. 이때 포르투갈 사람들에게
포크커틀릿을 배우게 됐고, 오늘날의 돈카츠라는 요리로 재탄생하게 된 것이다.

함바그

34 >

재료

다진 돼지고기 100g,
다진 소고기 100g,
다진 마늘 20g,
다진 양파 20g,
설탕 20g, 후추,
데리야끼소스, 레몬,
파채, 갈은무, 버터

만드는 법

1 믹싱볼에 다진 돼지고기 100g, 다진 소고기 100g, 다진 마늘 20g, 다진 양파 20g, 설탕 20g, 후추 약간을 넣고 골고루 섞는다.
1 1을 냉장고에 넣고 2시간 정도 숙성한다.
3 숙성이 끝나면 동그랗게 굴려서 공모양으로 만든다.
4 가열된 팬에 버터를 두르고 고기를 올린 뒤 뚜껑을 닫는다.
5 약불에서 천천히 익힌다.
6 뚜껑을 열고 고기를 뒤집어 다시 약불에서 계속 익힌다.
7 다시 뚜껑을 닫고 천천히 익힌다.
8 그릇에 함바그를 올리고 그 위에 갈은 무, 파채, 레몬슬라이스를 올린다.
9 데리야끼소스를 뿌린다.

다니엘's 코멘터리 +

가정에서도 쉽게 만들 수 있도록 만든 레시피다. 식빵과 함께 먹으면 맛이 더욱 좋다. 맥주와도 어울리고, 레드와인과도 잘 어울린다. 아이들 간식이나 한 끼 식사로도 좋고 어른들의 술안주로도 안성맞춤이다. 밀가루를 넣지 않아 다이어트에도 좋다.

야키소바

재료

야키소바면 1인분,
돼지고기, 피망, 양파,
당근, 양배추, 계란,
식용유, 파래가루,
굴소스, 우스타,
설탕, 간장

만드는 법

1 굴소스 3T, 우스타 1T, 간장 1T, 설탕 1T를 용기에 넣고 섞어 야끼소바소스를 만든다.
2 돼지고기를 먹기 좋은 크기의 슬라이스 형태로 자른다.
3 피망, 양파, 당근, 양배추를 엄지손가락 크기로 자른다.
4 계란프라이를 만든다.
5 팬에 식용유를 두르고 준비된 돼지고기를 넣고 볶는다.
6 5에 준비된 모든 야채를 넣고 같이 볶는다.
7 6에 야키소바면과 소스를 넣고 볶는다.
8 완성된 야키소바를 그릇에 올리고 계란프라이와 파래가루를 올린다.

다니엘's 코멘터리 +

야키소바는 일본의 대표적인 길거리 음식 중 하나다.
축제장이나 야시장에서도 꼭 빠지지 않는 요리다.
저렴한 가격 덕분에 대중음식으로 자리 잡았다.
일본 사람들은 야키소바 외에도 오코노미야키, 야키도리, 야키교자 등을 즐겨 먹는다.
돼지고기가 싫다면 굴이나 바지락살, 오징어 등을 넣어도 좋다.
닭고기, 베이컨, 소고기를 사용해도 좋다.
초생강과 단무지를 곁들여 먹으면 맛을 더 끌어올려준다.

오야코동

재료

닭고기 100g,
양파 40g, 밥 한공기,
계란 1개, 파채, 버터

소스

다시물 75cc,
간장 25cc, 설탕 10cc,
미림 10cc

만드는 법

1 닭고기를 한입 크기로 자른다.
2 양파를 결방향대로 길게 썬다.
3 가열한 프라이팬에 버터를 녹이고 닭고기 100g을 노릇하게 굽는다.
4 닭고기가 노릇하게 익으면 소스와 양파를 넣고 뚜껑을 닫은 뒤 자박하게 졸인다.
5 계란을 깨서 접시에 담고 5~6번 젓는다.
6 팬의 뚜껑을 열어 계란을 넣은 뒤 다시 뚜껑을 닫는다.
7 그릇에 밥을 담고 **6**을 올리고 파채를 뿌려 마무리한다.

다니엘's 코멘터리 +

오야코동은 부모親와 자식子이란 뜻을 가진 요리다.
부모인 닭과 자식인 계란을 함께 요리해서 붙은 이름이라고 한다.
닭고기 대신 소고기나 돼지고기를 사용하면 타닌동이라 부른다.
닭과 계란이 아니라 타인을 함께 요리했다는 의미로 이해하면 된다.
최근에는 연어를 밥 위에 얹고 그 위에 연어알을 얹은 것도 오야코동이라 부르기도 한다.

은갈치와 갯장어

저희 부모님은 바닷가 출신이어서 해산물을 참 좋아하십니다. 어머니는 통통한 은갈치를, 아버지는 갯장어를 특히 즐겨 드셨습니다. 그래서인지 수산시장에서 은갈치, 갯장어를 보게 되면 늘 부모님을 떠올리곤 합니다. 어머니는 기름을 두른 팬에 은갈치를 구워서 드시는 것을 좋아하셨고, 아버지는 갯장어를 추어탕처럼 끓인 갯장어탕을 즐기셨습니다. 저도 부모님의 영향 때문인지 은갈치구이와 갯장어탕을 자주 먹곤 합니다. 특히 갯장어탕은 제가 직접 전문식당을 내고 싶을 만큼 좋아합니다. 이제는 은갈치와 갯장어탕을 제가 해드려야겠네요. 음식이란 모든 사람을 이어주는 연결고리의 중심에 있는 것 같아요. 음식을 나눌 수 있는 저는 참 행복한 사람입니다.

셰프의 은밀한 취향

이런 손님이 좋아요.

웃으면서 인사를 받아주는 손님.

종업원을 부를 때 따뜻하게 말해주는 손님.

음식이 맛있다고 칭찬해주는 손님.

음식을 남기지 않고 드시는 손님.

수고한다며 커피나 음료를 사다주시는 손님.

다시 방문해주시는 손님.

레스토랑의 내부 규정을 잘 지켜주는 손님.

이런 손님이 싫어요.

화난 말투로 말을 건네는 손님.

냉난방기를 마음대로 만지는 손님.

음악 소리 줄여달라고 하는 손님.

서비스 음식을 요청하고도 남기는 손님.

계속 서비스를 요청하는 손님.

반말하는 손님.

자신이 동네 유지라면서 잘하라고 말하는 손님.

파워블로거라면서 음식사진 마구 찍고 무료로 식사하려는 손님.

토마토계란덮밥

37 >

재료

밥 한 공기, 토마토 1개, 계란 2개, 브로콜리, 올리브오일, 소금, 버터, 후추

만드는 법

1 토마토를 큐브 스타일로 썬다.
2 브로콜리를 데친 뒤 먹기 좋은 크기로 썬다.
3 팬을 가열하고 버터를 두른 뒤 계란을 풀어 스크램블을 만든다.
4 팬에 올리브오일을 두르고 1, 2를 넣고 강한불에서 볶는다.
5 후추를 뿌리고 다시 한번 볶는다.
6 덮밥 그릇에 밥을 담고 모든 재료를 올린다.

다니엘's 코멘터리 +

여름철 토마토가 붉게 물들면 생각나는 요리다.
양파를 추가해 먹어도 좋고, 피망을 넣어 먹어도 좋다.
마지막으로 볶을 때 취향에 따라 토마토케첩을 넣어도 된다.
꼭 덮밥이 아니어도 토마토계란만으로도 충분하다.
청주나 독주를 마시기에도 잘 어울리는 안주다.

춘장볶음밥

38 >

재료

춘장 2T, 다진 마늘 2T,
올리브오일 2T, 설탕 1t,
밥 한 공기, 계란 1개,
파슬리

만드는 법

1. 가열한 팬에 올리브오일 2T, 춘장 2T, 다진 마늘 2T, 설탕 1t를 넣고 볶는다.
2. 마늘의 매운맛이 충분히 가실 때까지 볶는다.
3. 팬에 밥을 넣고 골고루 볶는다.
4. 계란프라이를 준비한다.
5. 그릇에 밥을 담고 그 위에 계란프라이를 올리고 파슬리 가루를 뿌린다.

다니엘's 코멘터리 +

구수한 맛이 일품인 요리다. 집에 남은 밥이 있다면
아주 간단하게 한 끼를 해결할 수 있다. 특히 혼밥족에게 적극 추천한다.
한번에 많이 만들어서 먹을 만큼 냉동실에 넣어두고
그때그때 꺼내서 전자레인지에 데워서 먹으면 좋다.
생각보다 맛이 상당히 좋으니 꼭 만들어보길 권한다.

요리와 음악

요리를 개발할 때 머릿속에 들어 있는 수많은 식재료들의 맛을 떠올려 조합한 뒤 퍼즐을 맞추듯 새로운 요리를 만듭니다. 또 손님들과 대화하며 손님이 좋아하는 식재료들에 귀기울여봅니다. 그렇게 재료들의 이야기를 듣고 있으면 제 머릿속에서는 이런저런 맛들이 춤을 추고 조리법이 떠오르고 이내 조리를 시작하게 되지요. 아마 노래를 만드는 작사가나 작곡가들도 비슷할 겁니다. 요리를 만드는 사람도 음악을 만드는 사람도 다양한 사람들을 만나 자신만의 방식으로 결과물을 내놓는 것은 마찬가지인 것 같습니다. 이런 과정을 거쳐 만든 요리들이 몇 가지 있습니다. 손님들에게 가장 반응이 좋았던 요리는 바지락문어조림! 그리고 앞에서 소개한 춘장마늘볶음밥을 포함해 삭힌 홍어 감바스, 편백나무찜밥, 마늘고로케 등이 있습니다. 여러분들도 냉장고에 있는 여러 식재료를 천천히 살펴보시고 누군가를 위해 자신만의 레시피를 한번 만들어보세요.

색소폰이야기

가수가 꿈이었던 저는 늘 음악을 손에서 놓지 않으려고 했습니다. 그런데 요식업에 오래 종사하다보니 오른쪽 엄지손가락에 문제가 생겼습니다. 군대에서 배웠던 기타를 다시 시작해보려 친한 기타리스트 형님을 찾아갔지만, 제 손가락은 너무 부어 있었고, 통증까지 심해 기타를 포기하기로 했습니다. 다른 악기를 알아보다가 가게의 단골손님이자 색소폰 연주자인 Lily Kim에게 색소폰을 배우고 싶다고 말했습니다. 그에게 색소폰을 구입하는 것도 도움을 받고 레슨도 받았습니다. 역시 가르치는 선생님의 실력이 출중하니 두 번째 레슨에서는 혼자 연주를 하기도 했습니다.

제가 악기를 배우는 이유는 요리와도 연관이 있습니다. 요리로 청각을 만족시키기란 다소 어렵습니다. 그 대신 미각, 시각, 후각은 아주 잘 이끌어낼 수 있지요. 제가 가장 해보고 싶었던 것이 바로 텅 빈 가게에서 사랑하는 연인들에게 잊지 못할 추억을 만들어주는 것이었습니다. 정성스럽게 요리하고 멋과 맛을 모두 만족시키는 와인을 대접하며 최고의 식사와 함께하는 작은 음악회를 여는 것입니다. 이렇게 손님들의 오감을 만족시키는 사람이 되는 것이 저의 작은 꿈입니다.

무침과 절임

술 한 잔 생각나는 밤

오향수육

39 >

재료

돼지고기 앞다리살 200g,
계피 10g, 감초 10g,
산초 약간, 황기 10g,
월계수잎 2장, 명주실,
간장 150ml, 미림 150ml,
설탕 100g, 키위 1개,
생강 10g

만드는 법

1. 돼지고기를 찬물에 담가 핏물을 제거한다.
2. 명주실로 돼지고기를 촘촘하게 묶는다.
3. 냄비에 물 1.5L를 붓고 모든 재료를 넣은 뒤 강불에서 가열한다.
4. 설탕이 타지 않도록 녹을 때까지 젓는다.
5. 끓기 시작하면 중불로 바꾼 뒤 1시간 조린다.
6. 1시간 뒤 약불로 바꾸고 30분간 조린다.
7. 고기가 뜨거우니 고무장갑을 끼고 명주실을 푼다.
8. 고기를 슬라이스한다.
9. 접시에 부추를 깔고 슬라이스한 오향수육을 올린다.

다니엘's 코멘터리 +

위의 과정을 응용하면 돼지족발도 만들 수 있다.
족발은 크기가 크므로 재료의 비율을 높이면 된다.
통오리나 통닭으로 만들 수도 있다. 겨자소스나 와사비소스를 곁들여도 좋고
기호에 따라 마늘, 고추, 상추와 쌈으로 먹는 것도 추천한다.
좀 더 기름진 걸 좋아한다면 삼겹살로 만들어도 되고,
기름진 것이 싫다면 돼지 뒷다리를 사용하는 것이 좋다.

40 >

시메사바

재료

횟감 고등어 1/2,
레몬 슬라이스 1쪽,
간생강, 고추냉이,
파채, 소금 식초 100ml,
물 200ml, 설탕 50ml,
다시마 5cm,
레몬 1/2개

만드는 법

1. 사각형 용기에 식초 100ml, 물 200ml, 설탕 50ml, 다시마 5cm, 레몬 1/2개를 넣고 설탕이 녹을 때까지 젓는다.
2. 고등어 반쪽을 소금으로 30분간 완전히 덮어준다.
3. 30분이 지나면 **1**에 고등어를 넣는다.
4. 고등어를 담그고 15분 후 꺼낸다.
5. 고등어의 가시를 핀셋으로 뽑고 껍질을 벗긴다.
6. 칼집을 사진과 같이 넣은 뒤 먹기 좋은 크기로 자른다.
7. 그릇에 고등어를 올리고 간생강, 고추냉이, 레몬슬라이스, 파채를 올린다.

다니엘's 코멘터리 +

이자카야의 대표적인 요리인 시메사바는 식초에 절인 고등어다.
하지만 국내에서 주로 팔고 있는 시메사바는 중국산 냉동제품이다.
중국산 냉동제품은 식초에 너무 절여져 있어서 살이 전체적으로 익어 있는 느낌이고,
국내산 제품은 수작업으로 만들어져 있고 절단면을 보면 생물상태.
당연히 맛에서 큰 차이가 난다.
겨울철 대표 생선인 고등어는 성장기 아이들에게도 영양학적으로 매우 좋다.

고등어와 酒

눈이 내리던 추운 겨울의 어느 날이었습니다. 일을 마치고 동네 작은 술집에 홀로 앉아 따끈한 어묵국물을 앞에 두고 소주잔을 기울이고 있었습니다.

"사장님, 오늘 뭐가 좋아요?"

"고등어 물이 아주 좋네요."

"그럼 고등어구이로 주세요!"

"고등어초절임 드세요. 방금 만들었어요."

"아, 네, 그럼 고등어초절임 주세요."

처음이었습니다. 고등어초절임을 직접 만들어서 손님에게 내는 사장님을 한국에서 만나 무척 반가웠거든요. 저도 일본요리를 하고 있는 사람이라 소개하니, 사장님도 요리를 위해 일본에서 유학을 하셨다고 합니다.

고등어초절임 한 점에 소주 한 잔 들이켜니 고등어 기름이 입 안을 가득 채울 정도로 배어나왔습니다. 고등어를 씹으려 하니 이내 녹아 없어지는 것 같았습니다. 진정한 숨은 고수를 만난 날이었습니다.

고등어구이도 시켰습니다. 비장탄으로 구워주는 고등어구이 냄새를 안주 삼아 한 잔을 마시고 잠시 후 내 앞에 놓일 고등어구이를 떠올렸습니다. 적당히 구운 고등어의 색이 침샘을 자극했습니다. 간장도 찍지 않은 채 고등어의 맛을 온전히 느껴봅니다. 입 안 가득 퍼지는 고등어 기름 때문에 술잔을 들 수밖에 없었습니다. 한국에서 먹어봤던 고등어구이 중 단연코 최고라 할만 했습니다. 눈 내리는 겨울날이면 종종 생각나는 고등어와 酒. 그 맛을 기억하며 또 1년을 기다립니다.

41 >

차슈

재료

돼지고기 삼겹살 200g,
생강, 청경채, 양배추,
후추, 간장, 미림,
설탕, 명주실 ,레몬

만드는 법

1. 돼지고기를 명주실로 촘촘히 묶고 찬물에 20분간 담가 핏물과 이물질을 제거한다.
2. 돼지고기와 물 400ml, 양조간장 50ml, 미림 50ml, 설탕 50g, 후추를 냄비에 넣고 강불에서 가열한다.
3. 설탕이 타지 않도록 계속 젓는다.
4. 끓기 시작하면 약불로 줄이고 1시간 30분간 끓여준다.
5. 청경채를 씻은 뒤 뜨거운 물에 데친다.
6. 양배추를 곱게 채썬다.
7. 접시에 차슈를 먹기 좋은 크기로 잘라서 올리고 양배추, 청경채, 레몬을 올린다. 차슈를 조린 소스를 차슈 위에 올린다.

다니엘's 코멘터리 +

차슈는 덮밥으로 먹어도 좋고 차슈 그대로 안주로 먹어도 좋다.
부드러운 육질이 요리의 포인트인 만큼 노인과 아이들이 먹기에 더없이 좋다.
중국의 오향장육이 일본식으로 변형된 요리다.
위의 과정에서 삼계탕용 한약재를 한봉만 넣으면 오향장육의 맛을 낼 수 있다.
추운 겨울날 따뜻하게 먹기 좋다.

우메보시와 낙지무침

42 >

재료

낙지 1마리,
우메보시 4알,
오이 1/4

만드는 법

1. 낙지를 깨끗이 손질하고 끓는 물에 살짝 넣었다 건진 뒤 얼음물에 담근다.
2. 우메보시의 씨를 제거하고 잘게 으깬다.
3. 오이를 채썰기한다.
4. 낙지를 적당한 크기로 썬다.
5. 믹싱볼에 모든 재료를 넣고 섞는다.
6. 그릇에 담는다.

다니엘's 코멘터리 +

우메보시 특유의 맛과 낙지의 쫄깃한 심감이 좋다.
마지막으로 오이의 향긋함이 더해지면서 최고의 맛을 선사한다.
일본의 시골마을에서 경험했던 이자카야의 맛을 그대로 재현했다.
마마상의 따뜻한 마음만으로도 충분히 감동받을 수 있는 요리였다.
나도 늘 마음으로 요리하기를……. 감동을 줄 수 있는 셰프가 되어야겠다.

동치미와 절임

일본 절임류 중에서 제가 가장 좋아하는 것은 베타라즈케입니다. 무를 소금에 절여서 단단함을 없앤 뒤 술지게미를 넣어 발효한 것입니다. 무의 단맛과 술지게미의 구수한 맛이 더해져 동치미처럼 시원한 맛이 일품이지요. 우리나라에는 잘 알려지지 않았지만 일본에서는 꽤 많은 사람들이 즐기는 음식입니다. 참고로 저는 일반 식당에서 사용하는 중국산 초생강, 락교는 먹지 않습니다. 탈색제나 색소 같은 화학재료들을 너무 많이 사용해서 만든 것들이거든요. 그래서 저는 제가 직접 담가 먹습니다. 매실이 나오는 시기에는 우메보시를 담가 먹고, 갓으로 초절임을 해서 먹는 것도 좋아합니다. 시원하고 쌉싸름한 맛이 일품이지요.

라멘을 먹는 나만의 방법

일본하면 라멘이죠. 이제 우리나라에도 일본라멘을 전문으로 하는 집이 많이 생겨서 쉽게 접할 수 있게 되었지요. 그래도 본고장에서 먹는 맛에 비할 바는 아닙니다. 저도 일본에 가게 되면 꼭 라멘을 먹습니다. 많은 라멘 중에서도 챠슈가 올라간 돈코츠라멘을 주로 주문합니다. 육수의 진함과 챠슈의 맛을 보고 그 집을 평가하기 때문이죠. 물론 사람마다 호불호가 분명 나뉘긴 합니다. 그래도 저는 돼지 고유의 향이 약간 나는 것을 좋아합니다. 아무래도 음식은 맛도 맛이지만, 향과 함께 느껴지는 분위기를 무시할 수 없습니다. 저는 라멘의 국물에 생마늘도 넣고 대파도 가득 넣어서 돼지의 냄새를 잡은 뒤에 먹는 방법을 택하는 편입니다. 챠슈를 먹을 때에도 마늘과 대파를 얹어 입 안에 퍼지는 돼지 특유의 향을 마법처럼 잡아주는 그 느낌을 좋아합니다. 지금도 글을 쓰면서 입 안 가득 침샘이 폭발하네요.

참치간장무침

재료

참치 100g, 간장 1T,
설탕 5g, 참기름 1t,
통깨, 김, 깻잎,
레몬슬라이스

만드는 법

1. 참치를 1cm 크기의 정사각형으로 자른다.
2. 믹싱볼에 참치, 간장, 설탕, 참기름, 통깨를 넣고 섞는다.
3. 접시에 깻잎을 깔고 **2**를 올린다.
4. 얇게 자른 김과 레몬슬라이스를 올린다.

다니엘's 코멘터리 +

비빔밥용 깍둑썰기로 포장된 참치를 이용해
아주 간단하면서도 맛있는 요리를 만들 수 있다.
이 요리는 일본의 웬만한 선술집에서 맛볼 수 있는 메뉴이기도 하다.
퇴근 후 생맥주를 한 잔 곁들이는 일본 직장인들이 선호하는 요리다.

참치낫또무침

재료

참치 100g, 낫또 1팩, 후추분, 파채, 레몬즙

만드는 법

1. 참치를 큐브 모양으로 자른다.
2. 믹싱볼에 참치와 낫또를 넣고 잘 섞는다.
3. 믹싱볼에 레몬즙을 조금 넣고 다시 한번 잘 섞는다.
4. 그릇에 담고 후추분을 골고루 뿌린 뒤 파채를 올린다.

다니엘's 코멘터리 +

우리나라의 청국장이 일본에 전해져 낫또로 다시 재탄생했다고 알려져 있다.
낫또는 건강에 좋기로 소문난 음식이다. 하지만 고약한 냄새 때문에 싫어하는 사람도 많다.
최근에는 검은콩 낫또, 냄새 없는 낫또처럼 다양한 낫또가 판매되고 있다.
밥에 올려 비벼 먹어도 좋고 낫또만 그냥 먹어도 좋다.
처음에는 먹기 힘들지만 삭힌 홍어처럼 먹는 습관을 들이면 자꾸 생각나는 음식이다.

참치
이야기

일본에서는 신년마다 참치가 대서특필됩니다. 신년 첫 경매에서 참치를 수억 원에 달하는 가격으로 낙찰 받곤 하기 때문입니다. 참치는 자연산과 축양산(어린물고기를 잡아 가두리 양식장에서 기르는 방법)으로 나눌 수 있습니다. 자연산 참치는 살이 단단하고 적당한 기름기를 함유하고 있습니다. 축양한 참치는 사료를 먹여 키우기 때문에 기름기가 많고 운동량이 적어 자연산보다는 살의 단단함이 떨어집니다. 아직 저도 자연산 생물 참치를 해체해본 적이 없습니다. 자연산 참치를 구하는 것이 워낙 어렵기 때문이죠. 그 대신 매년 6~8마리 정도의 축양 생물 참치를 가져다가 해체하곤 합니다. 100kg급을 가져다 해체하는데 그 맛은 단연코 최고입니다. 바로 해체해서 시식을 할 수 있기 때문에 가장 신선한 상태로 먹을 수 있습니다. 무엇보다 참치는 공기 중에서 노출되는 시간이 적어야 가장 맛이 좋습니다. 혹시 참치를 해체하는 모습을 보고 싶으시다면 저희 가게에 한번 들러보세요. 여러분을 기다리고 있겠습니다.

막국수집 콘서트

저는 제 식당에서 일하는 직원들에게 매달 식사권 2장을 무료로 사용할 수 있게 합니다. 일하느라 바빠 사람들을 만나기 어려울 테니 가게로 소중한 분을 초대하라는 의미로 주는 것이지요. 그렇게 직원들이 가족과 친구들을 초대해 즐거운 시간을 보내는 걸 보면 제 마음도 즐겁고 편안해집니다. 그런데 유독 한 직원이 아무도 초대를 하지 않더군요. 그래서 그 직원에게 물었더니 부모님이 원주에서 2대째 막국수집을 운영하고 계셔서 모시고 올 수 없다는 겁니다. 저는 그 직원에게 우리가 가지고 제안을 했습니다. 그 직원도 흔쾌히 동의했고, 우리는 마치 소풍을 떠나는 아이처럼 즐겁게 원주로 출발했습니다. 가게에서 사용하는 그릇, 물잔, 젓가락, 숟가락 등도 챙겨서 갔습니다. 음악을 하는 정지찬 형의 가족도 동행했습니다.

원주의 막국수집에 도착해 직원의 부모님을 위한 식사 대접을 마치고서 지찬이형은 작은 음악회를 열었습니다. 그 자리에 함께 있던 모든 사람들에게 평생 기억에 남을 감동을 선사한 기분이 들었습니다. 음식과 음악, 이렇게 함께 나누고 즐길 때 비로소 행복을 느끼는 것 같습니다.

타코와사비

45 >

재료

주꾸미 1마리,
산마 30g, 오이, 양파,
설탕, 고추냉이

만드는 법

1 주꾸미를 새끼손가락 크기로 자르고 믹싱볼에 담는다.
2 산마를 갈아 믹싱볼에 담는다.
3 오이와 양파를 채썰어 믹싱볼에 담는다.
4 설탕 0.5t를 믹싱볼에 넣는다.
5 모든 재료를 잘 섞는다.
6 그릇에 담은 뒤 고추냉이를 올린다.

다니엘's 코멘터리 +

타코와사비는 이자카야의 대표적인 메뉴다.
일본에서는 문어나 주꾸미 등을 타코라고 부른다.
국내에서는 대부분 냉동제품을 사용한다.
그래서 어디나 플레이팅만 다를 뿐, 같은 맛이다.
위의 과정을 따라 여러분도 함께 만들어보길 권한다. 간단한 술안주로 참 좋다.

양념피조개

46 >

재료

피조개, 참기름,
양조간장, 후추, 파채,
혼다시

만드는 법

1. 끓는 물에 피조개를 넣고 2분간 데친다.
2. 데친 피조개를 재빨리 찬물에 담근다.
3. 피조개살만 꺼내어 세척한다.
4. 믹싱볼에 피조개, 참기름 1t, 양조간장 1T, 후추 조금, 혼다시 조금을 넣고 잘 섞는다.
5. 접시에 담고 파채를 올린다.

다니엘's 코멘터리 +

아주 간단하면서도 조개 본연의 맛을 느낄 수 있는 요리다.
피조개 대신 다른 조개를 써도 좋다.
피조개, 바지락, 홍합 등 조개의 종류에 상관없이 만들 수 있다.
조개 중에서 유일하게 헤모글로빈을 함유하고 있어 여성들에게 아주 좋다.
게다가 가격도 저렴해서 부담 없이 즐길 수 있다. 피조개를 삶아 각종 야채와 함께
버무려 먹어도 좋고 삶은 피조개를 잘게 다져서 비빔밥에 넣어 먹어도 맛이 일품이다.
물론 이것저것 다 필요 없이 피조개만 물에 데쳐서 먹는 것만으로도 충분하다.

미식가가 되는 방법

미식가가 되려면 노력이 필요합니다. 우선 단맛, 짠맛, 쓴맛, 신맛, 매운맛, 감칠맛의 여섯 가지 맛을 모두 느낄 수 있어야 합니다. 이러한 맛들을 모두 느끼려면 혀의 감각을 최대한 살려야 하는데 항상 청결한 혀를 유지하고 매우 자극적인 요리를 피하는 것이 좋습니다. 진한 커피나 담배 등도 당연히 피해야 하고요.

음식을 먹으면 혀에서부터 뇌로 신호가 전달되어 맛을 느끼게 됩니다. 음식 습관에 따라 짜게 먹는 사람도 있고, 싱겁게 먹는 사람도 있고, 단 것을 좋아하는 사람, 매운 것을 좋아하는 사람도 있습니다. 이것은 모두 생활습관 때문입니다. 진정한 미식가라면 음식습관을 스스로 제어할 수 있어야 합니다. 그래서 자신에게 맞는 요리를 찾아다니는 것이지요.

또 식당에 가서 음식을 주문할 때 시신경을 통해 들어오는 메뉴판의 정보가 뇌에 전달되어 음식을 결정하게 됩니다. 이때 사람의 성격에 따라 생소한 음식에 도전하거나 익숙한 음식을 시키기도 합니다.

주문한 음식이 나왔을 때 음식을 천천히 바라보는 습관도 중요합니다. 요리에 들어 있는 식재료들을 하나하나 유심히 관

찰하고 소스의 맛을 음미하기도 하고, 국물의 맛을 음미하기도 하면서 뇌 속에 깊이 각인시키는 겁니다.

그리고 그렇게 뇌에서 기억하고 있는 음식의 맛을 하나하나 꺼내어 곱씹어봅니다. 이런 방법을 계속 반복하면 음식이 혀에 닿을 때 각 재료의 맛을 하나하나 느낄 수 있을 겁니다. 그럼 이제 당신의 입맛이 어떤 것을 좋아하는지 알 수 있게 되고, 좀 더 색다른 맛을 찾아 식당을 돌아다니게 될 것입니다. 그렇게 미식가는 만들어집니다.

47 >

양배추샐러드

재료

양배추, 참기름,
고운 소금, 굵은 후추

만드는 법

1. 양배추를 한입 크기로 자른 뒤 찬물에 15분간 담근다.
2. 양배추의 물기를 제거한다.
3. 참기름과 소금, 굵은 후추를 뿌린다.

다니엘's 코멘터리 +

다니엘스 키친의 메뉴에서 빼놓을 수 없는 샐러드다.
매우 간단하지만 한번 먹어보면 누구나 꼭 추가로 주문을 한다.
샐러드를 만들 때 고운 후추를 뿌리기보다는
페퍼밀로 직접 갈아내린 후추를 사용하면 맛이 더 좋다.

다시마오이절임

48 >

재료

다시마 30g, 오이 1개,
혼다시 1t, 소금 1T

만드는 법

1. 오이를 엄지손가락 크기로 자른다.
2. 믹싱볼에 물 400ml, 혼다시 1t를 넣어 섞는다.
3. 2에 오이를 넣어 2시간 절인다.
4. 다시마를 물에 살짝 넣었다가 바로 건진다.
5. 다시마가 살짝 불었을 때 채썬다.
6. 채썬 다시마에 소금 1T를 뿌리고 살짝 절인다.
7. 그릇에 오이를 담고 소금에 절인 다시마를 올린다.

다니엘's 코멘터리 +

짭짤한 다시마와 시원한 오이의 맛이 조화를 이루는 요리다.
기름진 음식과 함께 먹으면 궁합이 잘 맞는다.
묵직한 돼지사골 베이스의 돈코츠 라멘을 먹을 때 함께 먹으면 개운함이 느끼함을 잡아준다.
주로 오이타의 이자카야에 가면 쉽게 볼 수 있다.
처음 맛본 사람들도 으뜸으로 꼽는다. 집에서도 쉽게 만들 수 있으니 꼭 도전해보길 바란다.

이것만은 지켜주세요

음식이 늦게 나온다고 재촉하지 마세요. 식당을 방문하는 이유는 음식을 스스로 만들어 먹기 불편할 때 식사를 해결하기 위한 것입니다. 자신이 해야 할 일을 셰프들이 대신 해주는 겁니다. 그러니 자신을 위해 음식을 만들어준 이들에게 고마움을 표현하세요. 식당에서 만드는 음식은 기계로 찍어내는 공산품이 아닙니다. 손님 한 사람을 위해 재료 하나하나 정성스러운 마음이 가득 담긴 요리들입니다.

냉난방기나 텔레비전을 함부로 만지지 마세요. 식당은 많은 사람들이 방문하는 공공장소입니다. 손님 한 사람의 안방이 아닙니다. 자신이 춥다고 또는 덥다고 해서 냉난방기를 함부로 만지는 것은 남을 배려하는 마음이 없는 것입니다.

예약을 했다가 급히 다른 용무가 생겼다면 사전에 연락해 꼭 예약을 취소하세요. 만약 노쇼를 하게 되면 다른 손님들에게 돌아갈 기회가 사라지기도 할 뿐만 아니라, 식당에도 큰 손실을 주게 됩니다.

식사를 마치고 돌아갈 때 종업원들에게 고맙다는 말 한 마디를 전해보세요. 다음에 여러분이 방문할 때 분명히 대접이 달라질 겁니다.

요리의 추억

평촌에서 초밥집을 운영할 때의 일입니다. 점심이면 늘 냉모밀을 드시러 오는 어르신이 있습니다. 그러던 어느날 그분께서 NHK 방송 요리 프로그램과 연관된 요리책을 선물로 주셨습니다. 알고 보니 그 어르신은 일본에서 오래 사셨던 분이었습니다. 책에 나오는 니꾸자가(소고기감자조림)를 너무 먹고 싶은데 우리나라에서 쉽게 접할 수 없다면서 혹시 저에게 니꾸자가를 만들어줄 수 있냐고 물어보셨습니다. 그래서 저는 내일 오시면 만들어드리겠다고 했습니다. 다음날 어르신은 제가 만들어드린 니꾸자가를 맛있게 드시고는 제 손을 꼭 잡으며 정말 고맙다고 말씀하셨습니다. 자신이 어릴 적에 먹던 그 맛이라면서 눈물을 훔치는 그 모습을 잊을 수가 없습니다.

49 >

간장새우장

재료

생새우 1kg, 물 1L,
양조간장 800ml,
정종 250ml, 설탕 200ml,
물엿 200ml, 양파 1개,
통마늘 5알, 무 1/5 개,
대파 1줄,
다시마 10cm × 10cm,
통생강, 건고추 2개

만드는 법

1. 큰냄비에 물 1L, 양조간장 800ml, 정종 250ml, 설탕 200ml, 물엿 200ml, 양파 1개, 통마늘 5알, 무 1/5 개, 대파 1줄, 다시마 10cm × 10cm, 통생강, 건고추 2개를 넣고 중불에서 끓인다.
2. 설탕이 타지 않도록 계속 젓는다.
3. 간장이 끓기 시작하면 바로 불을 끈다.
4. 새우의 몸통 껍질만 제거한다.
5. 간장이 식으면 새우를 담근다.
6. 12시간 뒤 새우와 간장을 분리한다.
7. 간장을 다시 한 번 끓여 식힌 뒤 냉장 보관한다.
8. 새우를 냉동보관하고 먹을 때마다 조금씩 꺼내고 간장을 부어 먹는다.

다니엘's 코멘터리 +

간장게장 레시피로 사용하면 아주 좋다. 가을철 자연산 생새우를 사용하는 것이 좋고, 인터넷 쇼핑몰에서 '사우디새우'를 구매해 사용해도 좋다.
사우디새우는 청정지역으로 알려진 홍해바다에서 양식한 것으로 유명하다.
국내에서 처음 횟감(비가열 섭취 냉동식품)으로 허가를 받았을 정도로 품질이 우수하다.
하지만 냉동새우를 구입해 간장게장처럼 담가 판매하는 것은 엄연한 불법이다.
대부분의 냉동새우는 가열후 섭취 냉동식품으로 허가를 받은 제품이기 때문이다.
반드시 익혀 먹어야 한다.
그러나 일부 업소에서는 이런 제품을 새우장으로 담가 판매하고 있다.

양념돌게장

50 >

재료

돌게, 간장, 물엿, 설탕,
간생강, 고운고추가루,
거친고추가루,
산초가루, 다진 마늘,
멸치액젓

만드는 법

1. 간장 500ml, 물엿 500ml, 설탕 200g, 간생강 30g, 고운고추가루 500ml, 거친고추가루 500ml, 산초가루 1T, 다진 마늘 50g, 멸치액젓 2T를 믹싱볼에 넣어 골고루 잘 섞고 12시간 이상 냉장 숙성한다.
2. 돌게를 깨끗이 세척한다.
3. 돌게 껍질을 열고 아가미를 모두 제거한다.
4. 돌게를 4등분으로 자른다.
5. 믹싱볼에 돌게를 넣고 양념장을 넣고 골고루 바른다.

다니엘's 코멘터리 +

돌게장을 그릇에 담고 기호에 따라 김가루, 통깨, 대파슬라이스 등을 올려주면
맛이 더 좋다. 돌게는 꽃게와 달리 제철이 없어 연중 계속 구할 수 있다.
주로 서해지역에서 잡힌다. 그중 여수 돌게가 가장 유명하다.
위의 과정을 응용해 양념꽃게장, 양념참게장, 양념새우장 등
다양한 갑각류의 장을 만들 수 있다.

마음을 담은 요리

요리에는 마음을 담아야 한다고 생각합니다. 그리고 요리에도 누구를 위한 것인지 분명한 대상이 있어야 합니다. 공장에서 찍어내는 음식들은 분명한 대상이 없지요. 정성이라는 마음을 담지도 않은 채, 그저 대량생산을 위한 레시피를 따라 만든 음식은 결코 맛있는 음식이라고 할 수 없습니다. 가족을 위해 요리하는 엄마의 음식이 세상에서 제일 맛있는 까닭입니다. 요리는 그런 것입니다. 내 가족이 먹는다는 생각으로 만들어야 합니다. 사랑하는 애인을 위해, 사랑하는 가족을 위해 마음을 담아 요리해야 합니다. 모든 요리에는 사랑이 담겨 있어야 합니다.

연희동 심야식당

초판 1쇄 펴낸날 2018년 3월 20일

지은이 정윤상
펴낸이 이상규
편집인 김훈태
편집진행 김승규
디자인 엄혜리
사진 이수진
마케팅 김선곤

펴낸곳 이상미디어
등록번호 209-06-98501
등록일자 2008. 09. 30
주소 서울시 성북구 정릉동 667-1 4층
대표전화 02-913-8888
팩스 02-913-7711
e-mail leesangbooks@gmail.com

ISBN 979-11-5893-049-3 13590

• 이 책의 저작권은 저자에게 있으며, 무단 전재나 복제는 법으로 금지되어 있습니다.